幼儿的语言表达课，为何要从"学说话"开始？

> 孩子不是故意闹情绪，是他想说却不会说。

> 孩子大了，会开始质疑父母，真是伤脑筋……

为什么孩子在课堂上很少主动发言呢？

> 孩子的语汇能力越丰富，表达能力就越精准！

在德国幼儿园的每一天，幼儿都在学习自我表达

7:30～9:00	9:00～9:30	9:30～10:00	10:00～11:30
陆续入园	早餐	晨间律动	自由玩乐时间

- 孩子自己脱鞋袜和衣服、穿室内鞋

- 学用餐具吃饭、用水杯喝水、拿水壶倒水……

Point!
说出自己的需求

孩子看起来有事需要帮忙，却不开口。德国幼儿教师即使猜出孩子当下的需求，也尽量不代替孩子说出。若句子难度较高，老师会先给点提示，然后陪孩子再说一遍。

- 老师会问孩子们今天想唱什么歌，或听什么手指谣。

Point!
练习做小决定

孩子从"小的决定"开始练习，累积经验，明白每个决定所带来的结果。

- 老师选择一样户外活动，孩子自行决定要不要参加，或选择留在室内两个不同教室进行喜欢的活动。

户外活动选项
- 去公园玩
- 去图书馆借书
- 体育馆……

室内活动选项
- 捏面团
- 乐高拼组
- 穿线游戏
- 玩拼图/小火车
- 换装游戏……
- 主题教学（艺术创作、说故事时间……）

Point!
故事书可针对不同主题，强化孩子对非日常生活词汇的印象与理解

使用无纺布教具先简短跑一次故事流程，这种方式比书本更生动立体，老师说出故事里的新词汇并请孩子黏在板上，孩子更有参与感，也能轻松记住词汇和剧情。

> Anna，你想多吃一点，对吗？
>
> 对。
>
> 今天我想唱《唐老先生有块地》！
>
> 那你试着说："请给我多一点。"
>
> 请给我多一点。

11:30~12:30	12:30~14:30	14:30~15:00	15:00~18:00
午餐	午休	吃点心	自由玩乐时间 & 放学
■ 订制每星期午餐时，会给2岁以上孩子两到三个选择：从主食到佐料，选出自己偏爱的菜色。	■ 午睡前让孩子练习穿脱衣物。 ■ 孩子不睡觉也可以，会提供几个静态活动让他选择：看故事书、拼图或剪纸。		■ 15:00吃完点心，家长可以开始接孩子回家。

Point!

家长接送区的照片墙，是亲子沟通的好话题！

借由与孩子的简单问答，让孩子明白爸妈在意他的感受，对他喜欢的事物感兴趣。

户外活动选项
- 去公园玩
- 在花园骑波比车
- 儿童充气泳池（夏日限定）

室内活动选项
- 说故事
- 音乐律动时间
- 艺术创作……

> Kate 老师，我今天不想午睡。

> 好，那你到沙发区安静地看故事书哦。

> 还有杯子蛋糕。

> Bella 妈妈帮大家准备了丰盛的生日早餐，有蔬果棒，吉士条……

> 还有杯子蛋糕啊？蛋糕好吃吗？

> 好吃！

掌握孩子的发展特性，教养事半功倍！

0~2岁

0~2岁是孩子语言吸收与发展的黄金期，从宝宝出生开始就给予丰富的语言刺激，孩子的童言童语将成为爸妈育儿生活中最缤纷的亮点！

0~6个月宝宝对大人发出的声音和说话时的脸部表情很感兴趣。他主要以哭声来表达需求，也会用单一音节与他人互动交流。➝平时频繁地跟宝宝说说话吧。

6~12个月宝宝开始试着模仿不同声音，语言理解力提高，能对大人的问句做出反应。➝爸妈可以带着宝宝认识日常生活中常见的事物与活动，如：身体部位、交通工具、食物……

1~1.5岁孩子会说十到五十个词汇，正确地回应简单问句，并用两个词汇造句➔当孩子使用叠字或发音错误时，无需刻意指正，回应时说一次正确的发音给他听即可。

1.5~2岁孩子词汇量开始增加，清楚知道日常的简单指令，开始模仿几种不同动物的叫声。能够记得周围人的名字，并以"我"自称来进行沟通。➔这阶段大人可以善加利用儿童歌曲和手指谣，训练孩子练习不同发音。

2岁是协助孩子戒奶嘴的好时机，整天含着奶嘴会降低孩子模仿不同嘴型学说话的练习机会。➔不宜采取负面或强硬的态度执行戒断计划，分阶段分地点减少使用，才能让孩子"和平转移"对奶嘴的安全依附。

德国幼儿园允许幼儿午休时使用奶嘴，但午休后就要把奶嘴放回"奶嘴的家"。

自我独立意识萌芽，展开各种情绪大探险！

3~4岁

3~4岁孩子的自我独立意识开始萌芽，拥有许多新的情绪体验，引导孩子学会用语言表达想法与感受，而不是靠肢体动作。

孩子的词汇大量增加，已能理解大约200个词汇，至少使用三个词汇来自行造句，句子结构也亦趋多变。➡孩子说话时，大人认真的倾听态度会强化孩子的表达意愿，并提升说话时的自信。

让孩子模拟大人照顾婴儿娃娃，不仅可加强认知和想象力，帮娃娃穿衣袜等精细动作也对小肌肉发展有益处，还能让孩子培养同理心。➡不论男生女生都可以借由这样的游戏方式加强各种能力。

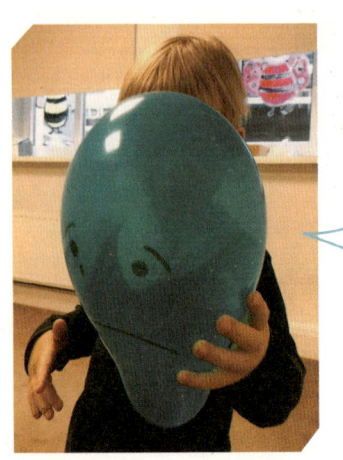

除了快乐、生气及难过等情绪，孩子也慢慢产生害羞、嫉妒、害怕等较复杂的感受。➡这年纪的孩子拥有许多新的情绪体验，但语言能力仍不足完整表达感受，故常有哭闹、发脾气、打人等状况发生。

当孩子有负面情绪反应时,重要的不是让他立刻停止哭泣,而是让他知道:大人了解并接纳他的情绪,而且会陪在他身边。

孩子的自我独立意识萌芽,常挂在嘴上的两句:"这是我的!""我自己做!"➔会开始模仿大人的举动,这时孩子跟父母的分离焦虑也会逐渐减弱。

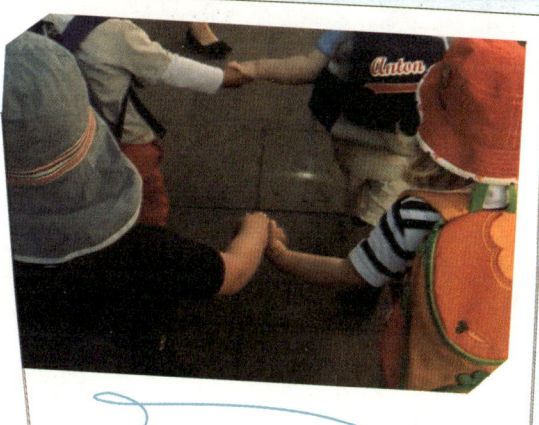

3~4岁孩子开始跳脱单人玩乐模式,喜欢成群结伴的游戏。他已发展道德意识,能清楚明白基本常规并遵守,例如排队或轮流玩玩具等,犯错时也会有羞愧的情绪反应。

思考能力大活跃,孩子的"为什么"代表他长大了!

5~6岁

5~6岁孩子掌握语言能力后,会开始问许多问题,甚至挑战大人的说法。从孩子的视角出发,别让孩子只能听不能说,让情绪跟言语都精准对频,孩子才不会从沟通的轨道驶离。

3岁以上的孩子大致已能理解更多字汇并使用较复杂的长句子,可以主动且清楚地表达自身的意愿与需求。

孩子开始发展自我认同感,做事情会有自己的标准,完成时会感到骄傲。→鼓励孩子尝试新挑战,并容许犯错,孩子会因为被接纳而强化自尊心。

教导孩子身体自主权的概念，不分男生女生，越早开始越好。➜**大人必须从日常生活强化孩子对身体安全的态度，只要孩子觉得不喜欢，就有权利表达抗议。**

让孩子练习决定生活大小事，养成思考习惯，学会表达不同意见。➜**孩子懂得说"不"，为自己发声，才算真正踏出独立的第一步。**

借由亲子共同讨论不同事情的观点，让孩子知道你对他的想法感兴趣。➜**孩子的童言童语，往往能够教会大人最重要的事。**

自我表达发展的3大阶段

Step 1 学说话

3岁以下的情绪发展时期，生气、挫折、嫉妒等对孩子都是新的情绪体验，孩子不是不听话，而是这些情绪对他来说不仅陌生，强度也过高，孩子会乱发脾气或爱哭闹，是因为他没被引导如何适当表达情绪。

→学会用适切言语表达想法和感受，孩子拥有更好的情绪管控力

Step 2 学表达

不管是正面或负面情绪，情绪本身没有好坏之分，每一种情绪都是当时情况产生的心理反应，与其忽略或隐藏这些情绪，更重要的是面对并找对方法释放它。让孩子从决定生活大小事养成思考习惯，知道表达不同意见是正常的一件事。

→懂得勇敢说不，能为自己的想法和意愿发声，是独立必备的生活技能

Step 3 学沟通

沟通不仅仅是双方的语言交流，情绪上能做到同步交流，沟通才能起到互相理解的作用。尊重孩子的同时也要教他尊重他人，互给沟通的空间，才能让孩子体悟尊重的真正意义。

→学习用适当的表情、肢体动作和语调表达，不伤害到别人的感受

自我表达能力对孩子发展的影响

训练自我表达力，有助孩子的独立发展

- 日常生活中练习做小决定（思考力）
- 孩子懂得为自己发声（表达力、沟通能力）
- 良好的情绪管控力（高EQ）
- 培养自尊、独立（自信）

忽略自我表达力，孩子的独立发展将受限

- 大人事事帮孩子做决定（缺乏主见）
- 遇到委屈不敢表达意见（不懂为自己发声）
- 情绪管控能力不佳（低EQ）
- 自我价值感低、依赖心重（缺乏自信）

0~6岁孩子各项能力发展一览表

	0岁	1岁	2岁
语言	以哭声来表达需求,也会用单一音节或重复的单音与他人互动交流。		〔1~2.5岁〕词汇量增加,能正确回应简单问句,也能用两到三个词汇造句,进入语言爆发期。
运动		〔8个月~2岁〕逐渐学会爬行、走路、跳跃等基本运动。	〔2~6岁〕多让孩子跑跑跳跳可以训练运动爆发力。精细动作越发成熟,如:塞、插、涂、穿、拧、剪等。
秩序			任何环境或秩序的改变都会刺激孩子,他会勇敢对这些改变说"不!"
情绪与社交			〔1~3岁〕自我意识萌芽,开始想摆脱对成人的依赖。这年纪的孩子拥有很多新的情绪体验,也开始能够体会周围人的情绪状态并做出同理反应。
阅读			〔2~4岁〕准备孩子的专用小书,多带他看各种图案与符号,就能逐渐理解符号与事物间的对应关系。
生活技能		用水杯喝水、自己吃饭。	控制大小便、穿脱鞋袜内裤。

| 3岁 | 4岁 | 5岁 | 6岁 |

已能理解200个词汇,并回答较复杂的问句。

〔4~6岁〕开始有意识地掌握语言、词汇及语法规则,随着年纪的增长,思维、表达能力也有提升。

对于破坏秩序的行为会要求从头再来一次,表现出执拗的一面。

〔3~6岁〕借由交换、分享与人建立关系。不再满足于一对一交往,会三五成群在小团体中学习人际关系。

〔4~6岁〕选择由易到难、与孩子生活相关的绘本读给他听,能刺激孩子的想象力与语汇发展力。

〔3~6岁〕练习摆餐桌、擦桌子、洗抹布、照顾年幼的小小孩……

教养情境检测表

儿童的自我表达能力训练，你的观念正确吗？

良好的自我表达力是儿童独立自主的必备条件，0~6岁是培养儿童自我表达能力的关键时期。这份教养情境检测表能帮助爸妈及老师思考如何协助孩子学会为自己发声，一起看看你的教养观念是否正确吧！

1 孩子有需求却不愿开口说，你会怎么做？ P.029
a. 主动满足孩子的需求。
b. 孩子不开口说，代表那个需求应该不强，不用太在意。
c. 引导孩子开口说出他的需求。

2 宝宝该戒奶嘴了，怎么帮他戒奶嘴呢？ P.040
a. 把奶嘴偷偷藏起来，不让孩子发现。
b. 在奶嘴上涂辣椒水，孩子吃过苦头就不敢再吃。
c. 限制使用奶嘴的时间和地点，逐渐减少孩子对奶嘴的依赖。

3 孩子听故事总喜欢听重复的那一个，此时你会…… P.053
a. 推荐孩子读其他故事，才不会变成阅读偏食。
b. 同样的故事也可以有不同的演绎方式，孩子喜欢听重复故事就换个形式说给他听。
c. 规定孩子选其他主题的故事，爸妈才愿意说给他听。

4 孩子才3岁就已经会说谎？！你的反应是…… P.058
a. 这年纪的孩子经常分不清幻想和现实的界线，不需过度焦虑。
b. 小小年纪竟然就会说谎？！一定要及早制止孩子说谎的坏习惯。
c. 告诉孩子他说谎让妈妈很伤心，要孩子答应今后不再说谎。

5 孩子心情一不好就失控说"我讨厌妈妈！"，你该怎么处理？ P.064
a. 不可放任孩子对大人说这样的话！一定要严格管教让他知道谁才是老大。
b. 当下冷处理，事后再告诉孩子他这样说你心中的感受。
c. 孩子会这么说一定是因为没有安全感，爸妈应该给他更多的关爱。

6 孩子在幼儿园开始学外语，如何帮他培养外语能力呢？ P.075
a. 日常生活与孩子的对话多加入英文单词，增加孩子学习英文新词汇的经验。

b. 为孩子多制造人前表演的机会，这样会让孩子更有信心。
　　c. 外语教育的启蒙最重要的是培养兴趣，让孩子觉得讲外语是件愉快的事。

7 孩子说他不想上学，你会怎么处理？ P.093
　　a. 请孩子的老师劝他别轻易放弃学业。
　　b. 上学是小孩的义务，告诉孩子逃学荒废学业是坏孩子的行为。
　　c. 询问孩子为什么不想上学，找出他不想去学校的原因。

8 2岁孩子闹脾气一直哭个不停，你的想法是？ P.103
　　a. 不可养成孩子闹脾气的坏习惯！告诉孩子他这样吵闹会造成别人的不便。
　　b. 好言相劝，跟孩子说若停止哭泣就买玩具或冰淇淋给他。
　　c. 孩子的语言发展能力还未完善，不愉快的情绪想说却说不出来，才会用哭闹的方式来发泄。

9 孩子跟朋友发生争吵来向你"告状"，这时你会怎么应对 P.114
　　a. 好言相劝，居中协调，告诉孩子们"以和为贵"的重要道理。
　　b. 要错误的那方马上道歉。
　　c. 若非危及安全或个人身体权益的大问题，大人暂不介入处理，避免孩子形成大小事都要告状的超敏感社交性格。

10 家里养的小动物死了，孩子非常悲伤，你会怎么做？ P.127
　　a. 再买一只新宠物转移孩子的悲伤。
　　b. 陪孩子聊聊与小动物的回忆，鼓励孩子一起做些事来怀念小动物。
　　c. 告诉孩子生死是自然的定理，任何生物终将面临死亡的命运。

11 孩子对声音很敏感，一有较大的声响就哭个不停，你如何处理？ P.136
　　a. 孩子这样太过胆小，应该从日常生活中培养他的胆识。
　　b. 孩子既然对声音敏感，就应该减少环境中任何可能造成他刺激的因素。
　　c. 孩子不安是因为他不知声音来自哪里，及该如何处理这个问题。通过对话和可容忍范围内的持续尝试与体验，能减轻孩子的焦虑。

12 孩子非常怕生慢熟，你的想法是？ P.140
　　a. 内向的个性并非缺点，孩子只是需要多一点的时间观察，才能做出决定要不要与人互动。
　　b. 这样的小孩将来长大了一定会吃亏，应该多让他见见外人，给孩子机会培养与人交际的技巧。
　　c. 好言鼓励孩子要走出自己的框框，多与外部的人接触。

13 孩子经常抱怨"不公平！"，该怎么让他知道弹性思考呢？ P.161

　　a. 告诉孩子，公不公平由大人说了算，小孩不应该插嘴。
　　b. 专心倾听孩子的想法，再引导他思考"应该怎么做才算公平？"并告诉他："这件事爸妈会这么做，是因为……"
　　c. 明白告诉孩子："这个世界本来就是不公平的，你要提早习惯。"

14 亲戚想亲吻孩子，但孩子不愿意，此时你会怎么做？ P.173

　　a. 孩子如果不愿意，就算是爸妈跟亲戚也不能勉强他。
　　b. 避免让对方没面子，还是允许亲戚亲吻孩子。
　　c. 责备孩子这样不礼貌。

15 孩子对公园里其他孩子喊"我不想跟你玩！"，你觉得该怎么处理？ P.180

　　a. 了解孩子不想跟对方玩的原因，并尊重他的意愿。
　　b. 当下制止孩子说话不该这样没礼貌。
　　c. 告诉他："有人缘的孩子才可爱。"要孩子跟所有人都当好朋友。

16 家里准备迎接新成员（宝宝），你觉得该怎么做才能帮大宝做好心理准备？ P.193

　　a. 时常提醒大宝以后要做个有责任感、尽职的好哥哥/姐姐。
　　b. 向孩子预告新生儿的到来，并安排孩子力所能及的任务，一起照顾家中的新成员。
　　c. 不用太过紧张，弟弟妹妹出生之后，孩子自然就会学习如何当哥哥/姐姐。

17 孩子坚持穿自己挑的衣服去上学，但你觉得那身衣服不是很妥当，此时你会怎么做？ P.197

　　a. 太丢脸了！严格禁止孩子穿不适当的服装到学校。
　　b. 让孩子体验自己的决定带来的后果。
　　c. 跟孩子交换条件，如果听爸妈的话，周末就带他去吃麦当劳。

18 孩子出现失控的言行，此时你会怎么处理？ P.204

　　a. 哭着求孩子不要这样，告诉他："你这么做我很痛心！"
　　b. 一定是孩子的叛逆期到了！今后的管教要更严格！
　　c. 了解孩子的需求是否没有得到满足，才会用这样的方法，希望被看见、被了解。

参考答案

1. c 2. c 3. b 4. a 5. b 6. c 7. c 8. c 9. c 10. b 11. c 12. a 13. b 14. a 15. a
16. b 17. b 18. c

德国幼儿的自我表达课

不是孩子爱闹情绪，
是她/他想说却不会说！

庄琳君 著

中国青年出版社

图书在版编目(CIP)数据

德国幼儿的自我表达课：不是孩子爱闹情绪，是她/他想说却不会说！/ 庄琳君著.
—北京：中国青年出版社，2020.5
ISBN 978-7-5153-5945-8

Ⅰ.①德… Ⅱ.①庄… Ⅲ.①语言表达—学前教育—教学参考资料 Ⅳ.①G613.2

中国版本图书馆CIP数据核字（2020）第025638号

本书通过四川一览文化传播广告有限公司代理，经台湾野人文化股份有限公司授权出版中文简体字版本。

德国幼儿的自我表达课：
不是孩子爱闹情绪，是她/他想说却不会说！

| 作　　者：庄琳君
| 责任编辑：周　红
| 美术编辑：杜雨萃
| 出　　版：中国青年出版社
| 发　　行：北京中青文文化传媒有限公司
| 电　　话：010-65511272/65516873
| 公司网址：www.cyb.com.cn
| 购书网址：zqwts.tmall.com
| 印　　刷：河北华商印刷有限公司
| 版　　次：2020年5月第1版
| 印　　次：2020年5月第1次印刷
| 开　　本：787×1092　1/16
| 字　　数：179千字
| 印　　张：17 + 16页彩插
| 京权图字：01-2019-5086
| 书　　号：ISBN 978-7-5153-5945-8
| 定　　价：59.00元

版权声明

未经出版人事先书面许可，对本出版物的任何部分不得以任何方式或途径复制或传播，包括但不限于复印、录制、录音，或通过任何数据库、在线信息、数字化产品或可检索的系统。

中青版图书，版权所有，盗版必究

目 录

推荐序 了解孩子行为背后的原因,爸妈、老师轻松教,孩子自发学 / 015

自 序 0～6岁情绪发展关键期,成人的理解与引导,
将大大影响孩子将来的情绪调节能力 / 019

第一部分 PART 1

学说话:语言发展是自我表达的基础 / 023

进入本部分之前 / 024

0～3岁孩子的语言能力发展特征 / 026

2岁

第一章
孩子2岁了还不会说话 / 029

语言发展黄金阶段,循序渐进引导孩子开口说话

为什么孩子明明会说,却不愿意开口 / 030

——忽略开口说话与情绪间的密切关系,对情绪敏感的孩子只会适得其反

坚持"有问必答"没意义,说话练习从词汇延伸的抛接练习做起 / 033

在对话情境中加入新词汇,孩子就能自然学会如何使用词汇 / 034

掌握语言发展黄金期,刺激孩子练习说话的4个秘诀 / 036

秘诀 1 视情况顺着孩子的话堆叠新词汇,孩子重复说出新词汇后给予肯定 / 036

· 003 ·

秘诀2 避免是或不是的问法，回答孩子问题时不要过于简短 / 037

秘诀3 把跟孩子对话当作每日必做的事，每次语言撞击都会加深孩子的印象 / 038

秘诀4 说话时加上手势动作帮助孩子理解，语言学习效果更好 / 038

注意事项 2岁孩子若无法说出任何语汇，请及早请专业医师诊断 / 039

1.5~2岁
第二章
过度依赖奶嘴会影响学说话，奶嘴怎么戒 / 040
引导孩子戒断奶嘴，为练习说话做好准备

2岁戒奶嘴可避免乳牙咬合不正，增加学说话机会 / 041
——戒断奶嘴，事前与孩子沟通是不可轻视的前置作业

分阶段缩减奶嘴使用范围和时间，说戒就戒的粗暴方法隐忧大 / 042
——在戒奶嘴的过程中，"和平转移"孩子的安全感才是关键

温柔的奶嘴毕业式，帮助幼儿克服的最后关卡 / 044

1~4岁
第三章
故事时间：孩子喜欢，重复说也无妨 / 047
句型词汇量一次纳入，推动孩子语言进程

故事书可针对不同主题，强化孩子对非日常生活词汇的印象与理解 / 048

关于亲子共读&选书的3大建议 / 051

建议1 幼儿读物的选书指南 / 051

建议2 让孩子自由选择每日读物 / 053

建议3 用声调和动作帮助孩子了解故事内容 / 053

针对不同年龄阶段孩子的选书建议 / 055

3岁

第四章
孩子会说话之后，下一步竟是学"说谎" / 058

想象力发展时期，幼儿爱编故事，别一味责怪

4岁以下孩子分不清现实和想象的界线，"说谎"是幼儿发展常见现象 / 059

不想孩子有意无意地说谎，成人改进做法的2大建议 / 060

——处罚说谎不如鼓励诚实，孩子才能切实体会说谎无益

建议1 不要明知故问 / 061

建议2 让孩子体会说谎无益 / 063

3岁

第五章
怎么办？孩子说他讨厌我 / 064

3~6岁孩子语言爆发期，听到就想说，好的坏的都学

面对孩子的攻击性言语，别在他的情绪高点说教 / 066

——"你这样说我很伤心。"事后让孩子了解自己的言行如何影响他人感受

3个步骤先建立信任再教规矩，大人不动怒才能稳住教养立场 / 067

步骤1 绝对不当孩子的负面教材 / 067

步骤2 劝导时避开孩子的情绪高峰 / 068

步骤3 孩子屡劝不听时，大人的应对方式必须合情合理 / 068

对于孩子不礼貌的玩笑话，冷处理是当下最适合的应对 / 069

2~6岁

第六章
双语/多语能力是趋势，几岁学才恰当 / 071

学习外语对母语能力是否造成影响，取决于心态和方法

德国幼儿园落实双语教育的3大重点 / 072

重点1 一人一语教学策略 / 073

重点 2 不限制孩子说母语 / 074

重点 3 幼儿园时期的双语教学旨在扎根，而非收成 / 075

在家创造英语口语环境，爸妈实行双语教育的注意事项 / 077

——落实双语教育的大前提：一旦语言模式确定就得确实执行，不因场合而切换

注意事项 双语教育，孩子做足暖身，学习事半功倍 / 079

爸妈提问 Q & A / 080

○ 为什么孩子总把我的提醒当耳边风？说得越多，孩子的问题反而更严重？ / 080

○ 关心孩子，想了解他在学校的状况，孩子为何总说不知道或不愿意说？ / 087

第二部分 PART 2

学表达：引导孩子说出自己的情绪和需求 / 097

进入本部分之前 / 098

2~6岁孩子情绪/社交发展特征 / 100

2岁

第七章

想说却不会说，孩子情绪大爆发 / 103

从认识不同情绪开始，教孩子学会正确表达情绪

幼儿园日常作息中最常需要处理的3大负面情绪 / 104

负面情绪 1 挫折 / 105

负面情绪 2 疼痛 / 106

负面情绪 3 愤怒 / 108

鼓励孩子表达不同情绪，比一味防堵更能锻炼孩子的情绪控制力 / 110

——懂得用言语表达意愿，是孩子学会自我保护的第一步

延迟满足，自制力训练，有助于培养孩子情绪管控/转移的能力 / 112

注意事项 2岁开始，开启孩子情绪教育的暖身练习 / 113

3~4岁 第八章
不管大事小事，孩子老是爱告状 / 114

别再重演"狼来了"，让孩子学会不乱发布情绪警报

处理孩子告状问题的第一原则：不轻易介入调停 / 115

——轻易代孩子解决问题，容易养成大小事都要告状的习惯

小问题别用大情绪响应，用红绿灯概念教孩子学会情绪调节能力 / 116

〔情绪红绿灯，帮孩子判断问题严重程度〕/ 118

经过讨论，引导孩子分清"看法"和"事实"，不被他人看法影响情绪 / 121

——明白每个人有各种观点，孩子会更有效地管控自己的情绪

4~5岁 第九章
甩掉负面情绪，打造专属的情绪魔法棒 / 124

可以愤怒可以悲伤，自我调适解放受困情绪

孩子的异常情绪起伏，往往隐藏着难以表达的情绪 / 125

接住孩子的求救警讯，情绪疏通不压抑，才能走出情绪黑洞 / 127

——当孩子感觉情绪被接纳，比较容易走出孤立的态势

2~4岁 第十章
高敏感孩子说不出口的恐惧 / 132

留意不寻常的小细节，关键时刻当孩子的心灵急救站

高敏感孩子的恐惧不安若长期被忽视，将导致他放弃求助 / 133

建立与孩子间的支持机制，2个步骤教他按下焦虑情绪的紧急注销键 / 135

步骤1 肯定孩子的敏感天性，适时提供协助，而非置身事外的责难 / 135

步骤2 等孩子在沙发区缓和情绪后，再进行解释和引导 / 137

2~4 岁 第十一章
孩子怕生慢热，害羞特质应该被纠正吗 / 140
接纳孩子的性格特质，欣赏他们内心平静的小宇宙

内向外向没有优劣之分，别先入为主给孩子贴上标签 / 142
——在孩子面前谈论他的行为问题，只会一再增强孩子对自己的负面形象

持续鼓励但不强迫，找对方法驱动内向孩子的内在能量 / 143

当孩子对陌生事物感到紧张时，先让他做好情绪的暖身准备 / 147
——大人的态度越放松，孩子心中的不安越容易缓和

爸妈提问 Q & A / 150
- 当大人间发生争执，如何梳理孩子的不安情绪？/ 150

第三部分 PART 3

学沟通：跟孩子来场暖心对谈，强化彼此信赖、相互理解 / 159

进入本部分之前 / 160

5岁 第十二章
"这不公平！"为什么他可以不遵守规定 / 161
公平未必代表一模一样，兼顾各异需求才是真公正

对待孩子的质疑，以讨论代替单向说明，更能让他学到事情的逻辑 / 162

追求平等与公正是天性，别让孩子消极接受一切的不公平 / 165

3个建议，培养孩子学会理性思考和沟通问题 / 166

建议1 打开双方的对话窗口 / 166

建议2 给予孩子决定的弹性空间 / 167

建议3 培养同理心，保持思考的弹性空间 / 167

孩子抱怨不公平时，培养他理性沟通能力的3个建议 / 168

2岁

第十三章
"我不想这样玩！"学会尊重别人的底线 / 169

认识身体自主权，没我的允许，谁都碰不得

"身体的主人只有我一个！"教孩子向不请自来的亲密接触说"不！"/ 172

3个方法，教会孩子"身体自主权"的概念 / 173

方法1 认识身体的私密部位 / 175

方法2 绝对的身体自主权 / 175

方法3 教孩子辨别可能的早期警讯 / 175

2~4岁

第十四章
"我不想跟你玩！"懂得拒绝之道太重要 / 177

尊重是条双向道，当别人说NO别硬闯禁区

温和的幼儿突然情绪爆发，妈妈的反应却是："我替他感到开心。"/ 178

孩子懂得说"不"，为自己发声，才算真正踏出独立的第一步 / 180

——孩子从决定生活大小事中养成思考习惯，知道表达不同意见是很正常的事

在尊重孩子的同时，也要教他尊重他人 / 181

——互给沟通的空间，才能让孩子体悟尊重的真正意义

孩子懂得说"不"后的进阶目标：使用适当的表情、肢体动作和语调，

不伤害别人的感受 / 183

2个诀窍，强化孩子面对拒绝的能力 / 184

诀窍1 延迟满足，适时给孩子机会锻炼"稍待片刻"的耐性 / 184

诀窍2 在不同情境引导孩子去同理他人的感受 / 185

注意事项 给予孩子自由空间，也要同时教他自律 / 187

2~3岁

第十五章
"他是谁？"欢迎新生的情绪暖身操 / 188
一同谈论家中/幼儿园的新成员，巧妙调节幼儿的嫉妒心理

心爱的老师被"新来的"抢走了！不只新生有适应问题，其他学生也有 / 189

情绪预防针教孩子不因争宠而闹情绪。好奇与不安转个向，让爱萌芽 / 191

家有新成员报到，爸妈消除孩子不安的3个建议 / 193

建议1 必要时提前换棒，但必须给孩子"单人独享"的亲子时间 / 193

建议2 帮助孩子融入照顾新生儿的家庭生活 / 194

建议3 宝宝出生前和出生后，请幼儿园的老师一起共同合作，力量会更大 / 194

4~6岁

第十六章
"我不想穿外套！"衣橱里的拔河赛 / 196
4岁不学穿衣何时学？与孩子开放讨论穿衣规定

自己的衣服自己决定，在德国幼儿园里穿搭全凭孩子自由意志决定 / 197

幼儿园里的四季试衣间，是孩子的小小时装伸展台 / 199

——模仿跟想象的过程，能帮助孩子建构抽象思考能力，并学习不同社交技巧

5岁

第十七章
孩子自暴自弃，家长、老师如何回应 / 203
不要轻忽孩子的烦恼，耐心陪伴度过情绪复原期

孩子的失控言行，往往藏着一颗基本需求不被满足的心 / 204

再富裕的物质生活也不能与爱等价交换，让孩子心有所依 / 208

3~5岁　第十八章

"我长大了吗？"开始思考长大的定义 / 210

亲子共同成长，一头栽进童言童语的哲理世界

德国幼儿园不教读写，却可能让孩子留级。

评估孩子能否进入下个学习阶段的4大项目 / 212

- 项目1　良好的情绪发展 / 212
- 项目2　认知能力 / 213
- 项目3　生理发展 / 214
- 项目4　语言能力 / 214

孩子的童言童语，往往能够教会大人最重要的事 / 215

4~6岁　第十九章

"不要跟陌生人走！"小一新生自己上下学 / 218

童话世界也藏匿着危险，教孩子判读情况学自保

危机意识是独立自主的条件，让孩子知道他可以拒绝陌生人的邀请 / 220

独立训练需要按部就班，帮孩子准备好自行上下学的4个建议 / 222

- 建议1　提升孩子的心理素质 / 223
- 建议2　带孩子熟悉环境 / 223
- 建议3　事先约定好通关密码 / 223
- 建议4　爸妈不在场，拒收他人的礼物 / 224

爸妈提问 Q & A / 225

○ 孩子经常吵着玩3C产品，让他玩一下可以吗？/ 225

第四部分 PART 4

旧时光记忆的启示 / 233

第二十章

不说不行！那些年的小学说话课和巡回演讲 / 235

从"不准说话"到上台演讲，人前发言成为我求学时期的恶梦 / 235

美术课的一次上台报告，让我察觉"说话能力"竟如此重要 / 237

德国孩子表达能力出众的2大原因 / 239

原因1 天天都是说话课 / 239

原因2 孩子有许多生活观察的机会 / 240

第二十一章

爸爸的书桌，孩子的心灵诊疗室 / 243

父女敞心对谈，爸爸的倾听与理解，是叛逆青春岁月里的一抹暖色 / 244

求学时期的重大抉择，爸爸给予我的是陪伴而非干涉 / 247

当孩子认识到自己犯了错误时，最需要的是父母的关爱 / 249

第二十二章

自言自语很有必要，跟内心的自己当好朋友 / 251

面对困境时，对自己心灵喊话，调整心态重新上场 / 252

练习对自己正念心灵喊话的2个建议 / 255

建议1 创造自己的精神标语 / 256

建议2 自我喊话结合即刻执行，才能发挥最大力量 / 256

第二十三章
在梦想前，正视自己的那道心墙 / 258
为什么不先行动后思考呢

聆听内心的声音，为心底的梦想赢得一次喝彩 / 260

他人的意见可作参考，但不该成为左右你决定的关键 / 262

结　语 / 265

> 推荐序

了解孩子行为背后的原因，爸妈、老师轻松教，孩子自发学

文 / 洪兰

（著名教育家，加州大学实验心理学博士，认知神经科学家）

美国新英格兰大学的史密斯教授（David Livingstone Smith）在他的《我们为何说谎》（*Why We Lie*）一书中说："说谎其实没有好坏之分，它是一个超越法律和道德的求生本能。"我读到这一句时，非常地不解，因为在修比较文学课时，老师说西方人痛恨说谎的人，日本人厌恶不知耻的人，中国人认为不感恩的人不足为人。如果是这样，为什么史密斯教授会认为说谎没有好坏之分呢？

这个问题困扰了我很久，直到读到这本新书《德国幼儿的自我表达课：不是孩子爱闹情绪，是他想说却不会说！》才了解，原来说谎真的没有好坏之分，是人们解决当下问题时的方法之一，先用骗，骗不过便用暴力了。当然这是史密斯教授从演化的观点得出的结论，人比动物高级，但也不是不可以说谎的。

书中说到德国幼儿园的老师在训练孩子摆脱尿布自己上厕所

(potty training)时，会每两个小时提醒孩子一次，叫他们去上厕所免得尿湿裤子。有个两岁半的孩子在玩洋娃娃，不愿起来去上厕所，便随口骗老师说："我上过了。"结果几分钟不到便尿到裤子上。这么小的孩子不会存心骗人，她骗是因为她不想做，便随口找个理由打发老师。她说得这么自然，这句谎言的确是她当下解决问题的本能。西方人认为孩子在接受教育之前是个动物，所有的行为都是为了求生存，因此没有好坏，也难怪西方人把还不会说话的婴儿叫"it"，因为不会说话跟动物一样，尚不配称作人。父母一旦了解孩子行为背后的原因，便不会发怒了。

本书作者是一位观察力非常敏锐的老师，书中每一则故事都非常吸引人，提供了老师和父母不用打骂，教孩子做出正确行为的好方法。德国幼儿园老师所用的其实就是我们在研究上所谓的"驱动力（drive）"——引发孩子自动做出这个行为的欲望。在做动物实验之前，我们通常24小时不给动物食物或水，迫使它们为了生存，在实验室中努力学习以换取水和食物。对人类，我们不能用生理上的驱动力，我们便用心理上的驱动力，使孩子自动逐步迈向目标。

做一个科学家需要观察力，其实任何一个领域都需要观察力，但是这个观察力很难教，因为它需要足够的背景知识才看得见，这是英文see（看到）和observation（观察）的差别，也是hear（听到）和listen（倾听）的差别。看到书中德国的老师们在培养孩子能力上的耐心与努力，使我们很汗颜，我们中国的父母太常替孩子说、替孩子做了，这会剥夺孩子练习的机会，反而使他们变得笨手笨脚。

大脑的神经元一定要动才会连接得好，联结得紧密。

我很欣赏德国老师的"适龄"观念，一旦老师觉得这个孩子到了可以独立完成这件事的年龄便不再替他做，只从旁指导而已。我曾在芬兰看到一个3岁的男孩午觉起来穿长裤，他花了20分钟才把腿放进裤子里（老师在旁观看没有出声），想不到站起来时，老师发现他裤子穿反了，当下没有叫他脱下再试，只是随他去跟别的小朋友玩，他连续穿错三天，到第四天时，就穿对了，而且从此没有再穿错。孩子有从错误中改正的能力，但是在他努力了半天后，叫他脱下重穿会剥夺他的成就感，使他感到挫折与沮丧，以后便不想再自己穿了。所以父母要常放手让孩子去发展解决问题的能力，他以后会一生受用不尽。

书中每一章节的例子都可以帮助老师和父母更好地教导孩子，我极力推荐这本书！

自 序

0～6岁情绪发展关键期，成人的理解与引导，将大大影响孩子将来的情绪调节能力

从事幼教工作多年以来，我常常被人这样问起："你当初是因为很喜欢小孩，所以从事这份工作吗？"对此我总笑着回答："其实我是因为从事这份工作，才真正地喜欢上小孩。"这个答案总是引起众人的一阵惊呼，他们认为若没有教育热忱当作动力去从事幼教工作，实在不可能做得长久。他们提出的质疑乍听之下合理，但我认为就如同任何关系一般，时间一久，热情与压力相抵之下可能所剩无几，日复一日的流水日常令人心生乏味，我非常清楚，自己必须在这份工作中找到能永续利用的动能，不然教育就很难成为一生的追求。

坦白说，初执教鞭头两年，我时常过得挺丧气的，明明有认真备课，在班级管理上也费尽心力，孩子却皮得像猴子上窜下跳，家长排山倒海的疑惑等着我回复，似乎每天都有一堆处理不完的麻烦事。

现在的我，则会兴奋地设想有哪些学习活动会让孩子跃跃欲试，他们如果想跑想跳也不用等到体育课，穿上外出鞋随时可以出发，

我渐渐地因为那些孩子状况百出的"情景喜剧"而爱上这份工作，因为家长的信赖、托付而爱上这份工作，因为新挑战、新目标让我不觉乏味而爱上这份工作。

我很幸运地找到了这份工作里取之不尽的再生能源，让我不只单靠对小孩的喜爱来当作工作上前进的动力，而且因为对自己的情绪觉察能力进步了，也自然在面对孩子的情绪状况时能更有技巧地处理。终于明白，原来所有的一切，都与我们的情绪息息相关。呵护孩子长大是我们的责任，但这并不代表我们就会从此掉入教养的黑暗深渊里。

请记住，孩子的快乐，来自于老师和爸妈（照顾者）的快乐。

诚如书中所提到的，幼儿园学龄的孩子有很多新的情绪体验，但语言能力却不见得能够完整表达，这一时期大人对于孩子情绪的理解与引导，对孩子将来的情绪调节能力有莫大的影响。

在幼儿园时期，说话和情绪有着微妙的关联，很多两三岁时常闹脾气的小孩，在语言能力进步后，情绪也跟着稳定下来。德国幼教对于幼儿情绪发展相当重视，幼儿园里的自我表达与情绪控制一直是孩子是否可以升班的社交能力指标之一。正因为幼儿的情绪发展基础在6岁左右大致确定，孩子处理情绪的能力会进一步影响他在学习活动、自我表达、注意力及人际关系上的表现，所以更不能忽视其重要性！

仔细回想起来，教学头两年所受的气和委屈其实大可避免。我当时承受孩子负面情绪的能力仍很生涩，表面上就算不动怒没有拍桌大骂，但心里的确感到不悦且受挫败。孩子的情绪赤裸裸地扔过来，我也用自己的情绪赤裸裸地反弹回去，没有减震机制，毫无缓冲空间，孩子的情绪表现是释出需要沟通的讯号，我漏接了不说，还跟着一头栽进坏情绪里。

沟通，是情绪疏通很重要的一环。孩子说不好，那么别说了；孩子找借口，快别费唇舌；孩子回话，请闭上嘴。老师或父母固然有不该弃守的大原则，但是让孩子进入讨论空间往往是更高层次的一个教育策略。因为不管是谁，都不可能永远正确，我们难道不都希望，必要时，我们可以当孩子敞开心扉时的倾诉对象，告诉我们，为什么他们不愿意，或者做不到。对于大人的要求从来不质疑的小孩，往往只是情绪内隐不易察觉，此外也会有安全问题的隐忧。

之前写的《德国幼儿教育成功的秘密》一书，是希望通过我的经验与观察，让所有家长和老师有机会去了解另一种教育现场的概况，所以书写时将我在德国工作的所见所思，尽量丰富且全面地呈现给读者。然而有些重要的体会与发现，尤其是针对性很强的专业问题，我想单独拿出来详细阐述，于是本书便应运而生。

长期关注我脸书专栏的读者应该清楚，相关文章的产量实在低得令人忧心，平均一个多月一篇文章，倒不是我惜字如金，也不是逆向操作，事实上我压根儿没有去想如何提升粉丝人数的经营策略，更没有买广告的营销预算。事实是，我的脑袋没有那么好使，教务工作占据我大部分的时间。只有在心中的思考泡泡轻轻柔柔地飘过我脑袋时，才会在不需上班的周末夜里，慢慢地把想法化成文字，所以发文的时间总是周末的入夜时分，就当作是我个人私藏的教师月志，悄悄分享给总是耐心等待的你们。

  这本书，也是以这样的心情与态度，在每个烧脑的周末夜里和假日，一字一字地敲出来，希望我脑袋的思想泡泡也能透过这本书，柔软地降落在你们的心中。

庄琳君

2018年12月10日

夜，大雨

进入本部分之前

　　家中宝贝在真正开口说话前，除了透过哭声表达需求，也会发出各种不同的声调试着与人沟通，只要照顾者仔细聆听，就能分辨出，即使是哭声，也表达出孩子不同的情绪或是生理需求。

　　孩子发出的不同声音，其实正是他们这一时期独特的类语言，声音伴随其情绪转折，向照顾者表达他们的喜怒哀乐。不管在中国台湾或德国，一些苦等不到孩子开口说话或孩子学说话较慢的父母常挥不去心中的焦虑，**虽然孩子学说话的语言进程有个体上的差异，但是大人如何响应孩子的声音或语言，对其学说话进度的影响绝对不可轻视。**

　　即便是未满周岁只能发出咿咿呀呀声音的幼儿，大人也需积极地应答，给予更多语言刺激，这不仅能促进亲子间的情感交流，更能让孩子透过大量听的练习，加强他对语言的初步理解能力。至于已经有一些基本单词，却又常无法完整表达的孩子，通过日常的情境辅助，大人频繁地与其对话沟通，也能加速推动语言进程。

　　我在德国幼儿园照顾幼龄孩子这几年发现有件事挺有趣，就是除了"爸爸""妈""不要"这几个关键词，很多德国孩子开口说的热门单字常常是"汽车/Auto"，十分符合德国及其强盛的汽车产业形象。孩子的语言发展原本就和生活体验息息相关，不管是学母语或外语,如何提供孩子语言学习的环境和方法,值得家长和老师进一步了解。

　　这一部分,我一次性地完整讲述关于孩子学说话过程的大小事,比如:孩子学说话慢、戒奶嘴训练、孩子说谎或是乱骂人,甚至双语教育对母语学习的影响……希望提供给所有关心幼儿语言表达的老师和父母一个参考的指导方向。

0～3岁孩子的语言能力发展特征

孩子年龄	0～6个月 接收语言阶段	6～12个月 语言理解阶段
语言能力发展特征	■ 对大人发出的声音和说话时的脸部表情感兴趣。 ■ 主要以哭声表达需求，偶尔也会以单一音节或重复的单音与他人互动交流。	■ 开始试着模仿不同声音，并能以单词来代表某个特定事物，例如：汪汪＝狗，哒哒＝奶嘴，嘟嘟＝汽车。 ■ 有较高的语言理解力，会开始对大人的问句做出反应，例如说byebye时会挥手，会跟人击掌（High-five），或是大人问某个东西在哪里时，能够正确指向物体。
给老师和家长的提醒	■ 在不同的情境下，积极且频繁地跟孩子说话，例如：在帮孩子换尿布时，可以一边换一边向孩子解释你正在做的每个步骤，帮助孩子理解语言和每个动作之间的关联。 ■ 重复孩子发出的声音，或以问句来响应他。例如，当宝贝发出Ba（叭）或da（哒）的声音，我们可以重复发出bababa，问孩子："是在说爸爸吗？"或重复dada，并问："什么是dada呀？"积极响应孩子发出的声音。	■ 从日常周遭常见的事物和活动开始教孩子学新单字，例如身体部位、交通工具、食物，让孩子从日常生活中一再重复地听见这些单字并进一步理解。 ■ 沟通的句子尽量简短且明确，重点单词必须重复两次以上，两次之间最好停个几秒作为间隔，让孩子有机会反应。

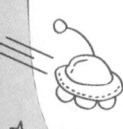

0~3岁孩子的语言能力发展特征

1~1.5岁 从单词到句子的过渡阶段	1.5~2岁 简单句阶段	2~3岁 复合句阶段 （语言发展黄金阶段）
■ 会说至少十到五十个单词，可以清楚且正确响应简单的问句，且能自行用两个单词造句，例如："我的妈妈。""不要吃饭。"	■ 词汇量开始增加，能清楚知晓日常的简单指令如"坐好""拿过来"。 ■ 喜欢指着图画书里的事物学新单词，并且会开始模仿几种不同动物的叫声。 ■ 能够记得周围人的名字，并以"我"自称来进行沟通。	■ 会说的单词大量增加，孩子此时已能理解大约两百个单词，并能使用至少三个单词来自行造句，句子结构也亦趋多变，例如："球在桌子底下。" ■ 有些学说话进程较快的孩子甚至能以长句说上一个段落，并能回答较复杂的问句。例如，老师问："我们吃点心前需要做什么？"孩子答："吃点心前要先洗手，因为我们刚在外面玩沙子，手很脏要洗干净。"
■ 当孩子使用迭字或发音错误时，无需刻意指正，只要在回应时说一次正确的发音给孩子听即可。例如，孩子说："嘟嘟"。老师回应："对，那是汽车，旁边那辆车是巴士。"（可用手指着辅助孩子理解） ■ 大人也可以用简单的指令，来帮助孩子记忆与理解新字词。例如："请帮我把卫生纸丢进垃圾桶里，谢谢。"	■ 此阶段大人可以善加使用形容词跟新单词一起造句，能帮助孩子记忆新的字词。儿童歌曲和手指谣也是训练孩子练习不同发音的好方法。 ■ 给孩子足够的时间架构句子，不要急着帮孩子说出来。若有造句或发音错误时，重复正确的用法和发音，并鼓励孩子再说一次。	■ 双向的交互方式在这一时期尤其关键。孩子说话时，大人认真的倾听态度会强化孩子的表达意愿，并提升说话时的自信。2岁开始，大人也可以挑选几本简单有趣的故事书一起亲子阅读和讨论。 ■ 角色扮演的游戏方式也可以帮助孩子学说话，比如，让孩子照顾婴儿布偶，假装和孩子讲电话等，都是非常有趣的说话练习。

2岁

孩子2岁了还不会说话

语言发展黄金阶段，循序渐进引导孩子开口说话

有些家长或老师常犯一个错误，就是操之过急，想尽办法要让孩子开口说。

坚持要孩子"有问必答"的强硬方式，往往会让孩子更不想开口，因为说话俨然成为一种训练，不好玩哪来想说的动力。

安迪亚娜，2岁4个月的小女孩，目前会说的词汇大约五十来个，除了"妈妈""爸爸""好""不好""还要""水""汽车"等常用词汇，也会讲班上几个小朋友的名字，当她说"娜娜"时则表示自己。

安迪亚娜想告诉我们什么事时，最常做的是发出哼哼唉唉的声音，一边唉唉叫一边用手指她想要的东西，但偶尔也有用手比划也无法清楚传达需求的状况。她有沟通的意愿，却找不到对应的方法，别说小孩觉得无力了，家长跟老师也很头痛。

"丰富的语言刺激是什么？医生说得很简单笼统，我也尽量鼓励她说话了啊，但好像目前还看不出什么效果。"安迪亚娜妈妈苦恼地说，"好像我唯一可以做的便是等待。"

原来安迪亚娜的妈妈前两天带她去给医生评估过，医生表示语言上的词汇量确实少了点，但不需过度担心，只要在日常生活中多跟孩子对话，多鼓励孩子开口，孩子一旦有了丰富的语言刺激，相信会慢慢进步的。

我笑着回答："是不需太操心啦，2岁多还不太会说话的孩子其实并不罕见，但光等待也不行，当然有些我们可以努力的方向。"

妈妈听了便抓住机会追问："有什么好方法吗？"

当时大约早上8点多，正是家长送孩子到幼儿园的高峰时段，前门有许多家长进进出出，热闹得很，实在不是对谈的好时机，我只好跟这位妈妈说，会跟幼儿园里其他幼教讨论，再安排适当的时间进行亲师会谈。

为什么孩子明明会说，却不愿意开口
——忽略开口说话与情绪间的密切关系，对情绪敏感的孩子只会适得其反

德国幼儿园里，每位新生刚入园的第一个月里都会有专属的幼儿教师一对一地陪伴，来帮助新生适应环境，除此之外，每三个月至半年也会针对孩子的状况跟家长安排会谈。不过，不管对于哪一位幼儿教师，在与新生家长会谈前，先询问其他老师的意见作为参考几乎已经是共识。就算同是幼儿教师，有不同的观察视角也是常有的事，可以避免自己的观察过于片面武断，与其他老师沟通过后再思考，也较能给予家长全面且客观的建议。

摆在眼前的课题是，如何让安迪亚娜维持想说话的意愿，进而再帮助她提升说话的表达能力。

有些家长或老师一旦发现2岁的孩子语言能力明显落后于同龄孩子时，常犯一个错误，就是操之过急，想尽办法要让孩子开口说。**坚持要孩子"有问必答"的强硬方式，往往会让孩子更不想开口，因为说话俨然成为一种训练，不好玩哪来想说的动力。**

一天早上，全班在吃早餐，过了一会儿，安迪亚娜又开始咿咿啊啊的，德国幼儿教师凯莎看了一眼，发现她的早餐吃完了，猜想可能是肚子还饿着，想要再吃一点。

凯莎："安迪亚娜，你说什么？这样我听不清楚喔！"

安迪亚娜："……"

凯莎："你想多吃一点，对吗？"

安迪亚娜："对。"

凯莎："那你试着说，请给我多一点。"

安迪亚娜不作声，只是看着凯莎。

凯莎这时意识到，也许句子的组成对她来说有点长，就换了个方式说："那你试着说'请多一点。'"（"请多一点"德文：Mehr Bitte。）

安迪亚娜还是紧闭着嘴巴，就算凯莎又试了好几次鼓励她说，她始终没开口。

"这句她明明会说啊！"凯莎朝我低声咕哝，再试了一次，"安迪亚娜，说'请多一点。'"

"请多一点。"安迪亚娜没开口,坐在她身旁同样2岁大的米蓝倒是很想表现。

"请多一点。"接着同桌的同学班也开口说。

仿佛约好似地,坐在她身旁的孩子们接二连三都开口说了,安迪亚娜还是不愿意开金口。

幼儿园里的老师都明白这孩子需要更多的口语练习,所以会尽量鼓励她开口说,但若发生孩子明明会说,却怎么都不愿意开口的情况,就有点棘手了。

问了安迪亚娜好几次,都石沉大海似地没声响,凯莎无奈地苦笑着,做了个深呼吸后,她蹲在孩子旁边,用平稳的语气轻轻地说:"是不是人有点太多了?是不是太多人在看你所以不想说?"

安迪亚娜默默地点着头。

"好,那我知道了,我们等会儿人少一点再练习说?"凯莎提出建议。

"好。"安迪亚娜终于给了个响应。

看到这里,我由衷佩服德国幼儿教师的耐心和观察能力。有些家长或老师在察觉到孩子语言能力落后时,脑袋里只惦记着要孩子多练习说话,却忽略开口说话与情绪之间的密切关联,特别是对幼龄的孩子,想要以"有问必答"的方式加强他的说话练习,对某些情绪高敏感的孩子来说,很有可能只会得到反效果。

坚持"有问必答"没意义，说话练习从词汇延伸的抛接练习做起

根据我们的观察，安迪亚娜在小团体中会比较有表达意愿。例如，每天早上我们围着圈圈唱歌跳舞时，她并不会跟着唱歌做动作，但是到了下午4点以后，班上超过大半的小孩陆续被接走，她会跟几个小朋友围着圈圈哼着歌打拍子，即使歌词断了好几节，但跟早上在晨间律动时间的她简直是判若两人。清楚了这点，我们决定在下午人少的时候，找机会进行对话练习。

到了下午的自由玩乐时间，安迪亚娜突然走过来，手指着书柜上头对我说："书。"

我知道她是要我帮她拿上头的书，但还是问了句："你想要这里的书还是上面的书？"

"上面的。"她说。

"因为上面的太高你拿不到对不对，好，我帮你拿，是上面的哪一本呢？"我接着说，"是小熊的书还是饼干怪兽的？"

她却只说了个字："对。"

这时我停下来，把两本书摆在她面前说："'小熊'和'饼干怪兽'你想要哪一本？"又再强调一次："哪一本？'小熊'和'饼干怪兽'？"

"怪兽。"安迪亚娜试着说出来。

PART 1

"很好,你说出来了,是饼干怪兽吗?那我知道了。"我顺手把书递给她。

上述的交互方式是幼儿园的日常练习,其中最重要的关键是进行单词延伸的抛接游戏。举例来说,当孩子开口说一个词的时候,我们先重复他说的词,再顺着情境以相关的词汇来造句。前面的"高""上面""帮你拿",虽然孩子没办法一次全数收入脑袋里,却有机会听到更多的词汇,并通过你的句子去厘清言语之间的关联,比起"有问必答"的铁腕方式要孩子硬挤出字来,这个方法通常会提高孩子开口说话的意愿,往往学得更快!

要注意的一件事是,**尽量避免只让孩子回答YES或NO的问法**,让孩子有机会多练习说不同的单词,而不是只回答"好""不好""要""不要"来表达需求,就算没有办法把字说得清楚,借此练习不同发音也比较容易进步。

在对话情境中加入新词汇,孩子就能自然学会如何使用词汇

有一些家长为了增加孩子的词汇量,会使用很多图卡在家帮孩子复习,这种闪卡/图片卡虽然可以短时间内帮助孩子记忆,但在缺乏情境对话联接下,孩子往往只记住单词,却不一定能在想说的时候使用出来。

为了让孩子不只是学词汇,也能够进一步明白这个词汇应该如

何在句子里使用，我尽量会在不同情况下把新词汇带进对话里，孩子头一两次听不懂，第三次也会听出点头绪。当然，使用图卡有个好处：少了一个思考步骤，孩子无需在脑袋里搜寻词汇，只要在相似的情况下，需要的词汇就会很自然地从脑袋里蹦出来。

记得有一次，班上两岁半的汉纳刚睡醒，只穿着内衣裤的她走出午休室，要到外头的更衣室穿上衣服，她一走出来就说了句"It's so cold here!（这里好冷喔！）"

我以英文问问题，小朋友用英文回答我的事常有，但爸妈都是德国人，在家也只讲德文的她，突然不自觉脱口而出主动以英文跟我沟通，这点让我颇为意外。我想了又想之后，发现可能是有几次从午休室走出来要到更衣室时，都会经过一个大落地窗，窗户若开着通常会有点冷，这时我会故意地打个冷颤，然后说"这里好冷喔！"我们幼儿园虽是德英双语教学，但从不限制孩子的语言使用选择，孩子想说德文或英文都可以。课堂上也不曾使用图卡上课，只是简单地根据说话当时的环境、实物和感受与孩子沟通，孩子听多了便会记住，而且是把语言跟当时的情境一起记住。

说穿了，**最好的学习方式是让孩子透过生活去了解语言**，日积月累，他们就不只是记住词汇，而是能正确使用它，孩子自然而然就会慢慢开始说句子了。

掌握语言发展黄金期,刺激孩子练习说话的4个秘诀

后来与安迪亚娜妈妈开会讨论如何加强孩子的说话练习时,也针对医生所提到的**"丰富的语言刺激"**这一点加以说明,我们向她解释,现阶段家长可以努力协助孩子的方法有:

秘诀 1 视情况顺着孩子的话堆叠新词汇,孩子重复说出新词汇后给予肯定

以聊天的方式多跟孩子说话,就算孩子会说的字不多,可以顺着他的话再说一些新的词汇造句,视情况描述细节来加强记忆。当孩子顺利讲出词汇或是发出相似音的时候,可以再说一次加强孩子的印象,并予以肯定。

对即将满2岁的孩子来说,这时的他们大多已能够说几个常用的词汇,而且对于学新的词汇也很有兴趣,通常不用刻意要求他们说,只要大人放松地带起话题,他们就会从话语中自行选择几个词汇试着说出来。

在幼儿园里,老师们通常会在帮孩子换衣服的过程中解释每个动作,例如:"刚刚水打翻了,所以你的衣服湿了,凯特帮你换新的衣服。"等衣服换下来,可以拿给孩子看,再次强调:"你看!衣服好湿。"这时候如果孩子选择重复说出词汇,不管是"湿"还是"衣服"都没关系,我们只要再重复一次该词汇,正面响应并让他知道

你明白他说的话。例如，孩子说："衣服湿。"大人回应："**对！衣服湿了，不过没关系，我们可以换上干净的衣服。**"此刻我们可以拿出要换穿的衣服给孩子看，再说句："换上干净的衣服就好了。"

秘诀 2 避免是或不是的问法，回答孩子问题时不要过于简短

与孩子沟通时，除了避免是或不是的问法来增加孩子的说话练习，回答孩子问题时也不要过于简短草率。给孩子的语言刺激越多，就越能加深孩子对语言的理解。

幼儿园老师常碰到的一个状况是，孩子跑到身边来，看起来似乎有事需要帮忙，却只是眼睛直愣愣地盯着老师看，什么话也没说出口。其实每日朝夕相处下来，我们常常看一眼孩子的行为举动就可以猜出他当下的需求，也许是早餐盒子打不开，或是想拿柜子上方的玩具，但就算猜到了我们也尽量不代替孩子说出来，只会说一句"如果你需要帮忙的话，要告诉我们喔！"正因为我们尽量不主动点明了问"你是不是想……？"，孩子也就没办法简短地以是或不是来回答。若句子难度较高，老师会给点提示，陪孩子把问句完成后让他再说一遍。

此外，对于2岁以下的幼龄孩子来说，虽然能说的字不多，不过模仿不同动物的叫声对他们来说可是相当有趣的发音练习，包括许多经典童谣都是很多不到2岁的孩子最常哼的。

秘诀 3 把跟孩子对话当作每日必做的事，每次语言撞击都会加深孩子的印象

多创造说话的机会，以情境辅助教学，语言学习与生活经验结合，孩子更能正确掌握语言，让学习效果加倍。只要我们把跟孩子对话这件事当作每日必做的一件事，孩子就算还没办法说出几个词汇，也能从大人的话语中提升对语言的理解力，每一次的语言撞击都会加深孩子的印象。

每天的午餐时间，如果孩子穿着长袖的衣服，我会提醒孩子，一边做动作一边说："请把袖子卷高。"孩子就算一开始听不懂，看了我的动作也明白了几分意思，这时我就会再说一次句子，让孩子加深印象。某次午餐时间，班上2岁的亚寇看到坐在旁边的安娜穿着长袖衣服，不等我提醒，他侧着头便说了句："安娜，请把袖子卷高。"这句午餐时避免袖子弄脏的提醒，我其实从未特意要求孩子重复练习说，但因为他们听我说的频率高，又有情境辅助教学，孩子不只听得懂，必要时还能自然地使用句子。

秘诀 4 说话时加上手势动作帮助孩子理解，语言学习效果更好

稍微留意一下，平常若不带动作跟孩子说话，例如"帮妈妈把这纸巾丢到垃圾桶"，孩子能否正确理解你说的话？因为很多时候孩子是看动作猜到意思而不是真正听懂，若发现孩子听不太懂，这时加上手势动作再说一次来帮助理解，会更有效果。

我记得有次请班上2岁的提欧帮我把教室的门关上,他看了我一下,马上就走去把门关好。过了几天,孩子嚷着去花园骑波比车,我两只手各拎着一台车,没法关门,于是对着提欧喊着,请他帮我把门带上。向来很爱当小助手的他立刻站了起来,却东张西望地似乎不知该做什么,我说:"门,请帮我关门,谢谢。"看到他困惑的表情,我暂且放下右手的波比车,往门的方向指着,再说了一次:"门,请帮我关上门,谢谢。"他一看我手指的方向就懂了,立刻去帮我把门关上。我这才明白上次他是光凭手势看懂我的意思,并没听懂句子,于是我把另一手的车子也放下来,再把他带到门边,说:"这是一扇门,谢谢你帮我把门关上。"

幼龄孩子何时能开口说句子,其实就像学走路,个人的学习进程会略有不同,语言发展标准表可以作为参考却不必过于忧心,重要的是大人提供正确有效的方法去引导。

注意事项

2岁孩子若无法说出任何字词,请及早请专业医师诊断

本章所提供的建议,是集结中国台湾和德国幼儿教师的不同经验与方法跟大家分享,希望能给予有相同困扰的家长或老师一些帮助。不过,**孩子若到了2岁仍无法说出任何字词,或是3岁仍无法说出三个单词以上的句子,建议及早寻求专业医师的语言诊断来找出原因。**

1.5~2岁

第二章

过度依赖奶嘴会影响学说话，奶嘴怎么戒

引导孩子戒断奶嘴，为练习说话做好准备

> 不管是尿布或奶嘴的戒断训练，事前与孩子沟通是不可轻视的前置作业。
>
> 大人贸然以威胁或嘲笑的口吻来试图改变孩子长久以来的习惯，很容易让孩子心生反感而没有意愿合作。

在很多新手爸妈眼中，真正的魔法保姆不是麦克菲，而是便宜又方便携带的安抚奶嘴。不论何时何地，它能够神奇地令哭闹不休的幼儿一秒止哭，也有本事让又累又倔、闹着脾气不肯睡的孩子们瞬间进入梦乡。它，简直太好用，好用到不只新手爸妈不能没有它的存在，有时在幼儿园里，一些新来的菜鸟老师拿哭闹的孩子没辙时，偶尔也挣扎着要不要请出这个小小的魔法保姆来安抚哭闹的孩子。不过尽管内心挣扎，大多数时候老师们还是秉持专业精神，严格遵守幼儿园对安抚奶嘴的使用原则。

2岁戒奶嘴可避免乳牙咬合不正，增加学说话机会
——戒断奶嘴，事前与孩子沟通是不可轻视的前置作业

因为刚入园的幼儿的分离焦虑和对陌生环境容易产生不安全感，所以在适应期间，德国幼儿教师会视情况使用奶嘴来安抚新生的情绪。新生适应幼儿园的作息两个月后，老师就会慢慢开始戒断孩子对奶嘴的依赖，只有几个2岁以下的幼儿，能在每日午休时间使用奶嘴来帮助入睡。绝大多数有吸奶嘴习惯的孩子在2岁至2岁半之间，都在德国幼儿教师的帮助下渐进式完成奶嘴的戒断训练，此时孩子也会从吸吮式的鸭嘴杯换成普通的塑料水杯来喝水。

德国幼儿教师如此积极地想帮孩子在3岁前戒断奶嘴的最大原因，除了吸奶嘴可能会造成暴牙、乳牙咬合不正之外，整天含着奶嘴也降低了孩子透过模仿不同嘴型学说话的练习机会。因此，针对满2岁及以上的孩子，我们都会跟家长沟通，同步进行奶嘴戒断计划。

然而，不管是尿布或奶嘴的戒断训练，事前与孩子沟通是绝对不可轻视的前置作业。我们会为了健康而戒烟，为了善用时间而有了戒断沉迷手机的念头，孩子必须要有戒断的动机才能持之以恒。大人若贸然以威胁或嘲笑的口吻来试图改变孩子长久以来的习惯，很容易让孩子心生反感而没有意愿合作。所以，应该尽量避免"羞羞脸，这么大了还吃奶嘴""你吃奶嘴就不要去上幼儿园了"这种话。

我们可以反向操作，抓准时机赞美孩子的不错表现，比如夸赞

孩子会自己穿衣穿鞋，练习不包尿布等Big Boy/Big Girl的行为，让孩子觉得长大是一件很酷很值得骄傲的事，孩子想证明自己长大的念头越强烈，跟奶嘴尿布说拜拜的动机也就越强。

分阶段缩减奶嘴使用范围和时间，说戒就戒的粗暴方法隐忧大

——在戒奶嘴的过程中，"和平转移"孩子的安全感才是关键

接近午餐时间，孩子从外头玩得一身脏回到教室，几个大孩子正在努力地脱掉连身雨衣裤，接着换上室内鞋，幼儿教师把该带去冲澡的孩子带去冲澡，该换尿布的换尿布，每每接近午餐时间，也是幼儿园一天下来忙碌的最高峰，此时1岁4个月的卡斯伯，突然坐在地上大哭了起来。

卡斯伯在这个时间点哭泣的原因通常有下列几种：

- 尿布需更换
- 感到饿/口渴
- 孩子们进进出出冲澡/如厕，门开开关关，孩子感到焦躁没有安全感
- 感到无聊
- 想睡觉

注意到孩子状况的幼儿教师，会先用排除法——过滤，找出孩子哭泣的原因。从检查尿布、洗手洗脸、让孩子喝水或少量进食（通

常是半根香蕉或两三根蔬果棒),到将全班分成三组,分散游戏人数来降低音量。此外,也会安排活动转移孩子的情绪,可能去吹泡泡、玩打击乐器,或是打开洗手台的水龙头(水量转至最小),汩汩的流水触感和声音有时可以缓和哭闹不休的孩子好一阵子。但如果孩子还是在哭,幼儿教师又抱又哄都失效时,我们会问孩子去躺着休息好不好,看孩子是不是真的累了想睡觉,等孩子静躺下来之后,我们才会递给孩子奶嘴来帮助入睡。

换句话说,除非是刚过适应期没多久的新生,幼儿教师不会在非午睡时间递出奶嘴。每天一早,不少在家奶嘴不离身的孩子到了幼儿园,都必须把奶嘴放在走廊的个人置物柜里,才能进到园所。一开始要孩子自己把奶嘴收在置物柜当然有点难度,有时候孩子也会在家长面前放声大哭来表示不满,不过一旦牵涉到原则问题,德国幼儿教师并不会因为孩子哭闹就妥协。事实上,家长一离开后,大部分的小孩最多哭个几分钟就会停止,没过多久就专心玩耍去了,接着要一直到午休前,才有可能再见到亲爱的奶嘴。

幼儿园制定这样的规定,是希望孩子能渐渐在心理上接受,奶嘴有使用的地点和时间限制,一旦孩子成功接收到"奶嘴=睡觉"这一讯息,就等于是踏出戒奶嘴非常关键的第一步。所以,若情况允许,大人请试着努力做到将奶嘴列为孩子哭闹时的最后选项,别急着为了让孩子停止哭泣而立刻递上奶嘴,先引导孩子练习用其他方法转移情绪,可以有效降低孩子对奶嘴的依赖,也不易养成孩子一感到无聊就来向大人讨奶嘴的习惯。家长也可以如法炮制,慢慢缩减奶嘴在家的使用范围,例如一开始规定只能家里使用,只要外出就不带上奶嘴,再接着限制只有在卧室才能使用。

除了温和地减少使用地点和频率之外,幼儿园此刻也会破例地让奶嘴戒断期的孩子带他们心爱的娃娃或玩具进入园所,来帮助他们安抚可能不安的情绪。这方法还挺有效的,虽然孩子还是会哭,但强度已经明显降低。若在家的话,家长可以在这段时间积极安排活动让孩子转移注意力,不论是看一本新的故事书、一起做饼干/披萨,还是散步去公园吹泡泡等都是值得一试的方法。

虽然戒奶嘴计划势在必行,但德国父母并不采用丑化奶嘴的方法,如"再吸奶嘴牙齿会烂掉",也不会秘密策划"奶嘴无端失踪事件",至于把奶嘴涂上辣椒水的激烈手法对他们而言更是无法理解的一件事。**对德国父母来说,奶嘴跟小孩之间的依附关系一开始既然是建立在稳定孩子情绪的基础上,过程中若采取负面或强硬态度执行戒断计划,部分孩子可能会因为无法适应转换过程而造成心理不适。**以这个角度看来,戒奶嘴不难,只要坚持不把奶嘴给孩子,孩子最多也是闹一个星期就会慢慢被迫接受没有奶嘴的现实,但如何在过程中巧妙地将孩子的安全感做到"和平转移",才是计划执行成功的关键。

温柔的奶嘴毕业式,帮助幼儿克服的最后关卡

午休时间结束后,每个孩子都知道要把奶嘴放回"奶嘴的家",

我们会告诉孩子奶嘴也需要休息一下,这样晚上睡觉时才有奶嘴可以用。所谓"奶嘴的家",是一个大塑料盒子里隔成十五个小格子,每个小格子里有孩子的名字跟图案贴纸。因为德国幼儿园不教认字,所以每个孩子在入园前,园所都会提供不同图案让孩子选一个代表自己的图案,小格子里的名字是给老师看的,图案贴纸是给孩子看的。

午休结束后,老师会请孩子把奶嘴放回自己的格子里,偶尔有一两个孩子哭着不愿意交回奶嘴时,老师也会给予他们一点情绪的缓冲时间,就像手机闹钟里贪睡时间(Snooze Time)的概念,等个几分钟,孩子随后被想玩的活动吸引,也就心甘情愿地把奶嘴放回盒子里了。

最终,完全戒断奶嘴的那一天还是会到来。即使午休时间也不使用奶嘴的练习就像是晋升为大男孩/小姑娘的最终关卡。奶嘴戒断

"奶嘴的家"有助孩子分场所、分时段使用奶嘴。

PART 1

训练开始前,帮助孩子做好适当的心理建设是成功的第一步。在德国,很多家长和老师,喜欢以"奶嘴仙子"的故事情节让奶嘴戒断过程不那么粗暴。我们通常会选在圣诞节前两个月,或是放暑假前跟孩子提出这个建议,因为他/她现在已经长大了,所以奶嘴仙子会在这些节日到来时取走奶嘴,转让给真正需要使用奶嘴的小宝宝们,而作为交换,孩子们会得到一个小礼物,恭喜他们长大,也借此谢谢他们交出心爱的奶嘴。

在父母跟孩子谈论过后,幼儿园这边的奶嘴完全戒断计划也会一并准备正式启动,我们除了会请父母从家里带孩子平常最爱的玩偶来安抚情绪,这个时候也会以盖印章的方式来鼓励孩子挑战午休时不使用奶嘴。千万别小看这听来平凡无奇的盖印章方法,孩子在戒奶嘴头几天,可能完全不在乎能不能在手背盖上印章,还是会习惯性跟我们吵着要奶嘴,甚至反悔开始哭闹起来,但只要耐心陪伴,几天过后,孩子会开始对自己每日不用奶嘴的表现感到自豪,甚至一睡醒就要求盖印章,代表今天他们又闯关成功!

戒断期的头三天,孩子会因为没有奶嘴而需要较长的时间入睡,但大部分的孩子通常都能慢慢地接受不再使用奶嘴的现实,哭闹的程度也会逐渐减弱。

其实到了这个奶嘴戒断的最后关卡,孩子多半已经满2岁,有足够的理解能力,大人只要多花点心思与耐心,就可以让孩子觉得戒奶嘴是一道自我挑战的游戏关卡,也不会额外造成孩子的心理压力。

1~4岁

第三章

故事时间：孩子喜欢，重复说也无妨

句型词汇量一次纳入，推动孩子语言进程

我们在日常生活里与孩子的对话多少有其局限性，吃饭、学习、玩耍、睡觉的固定活动让我们的说话内容有一定程度的重复，故事书的内容则可以针对不同主题来丰富词汇量，强化孩子的印象与理解。

在德国，幼儿推车两侧经常挂的不是玩具，而是小小的口袋书，让孩子排解无聊时光。而幼儿园里，一个温馨舒适可让孩子随兴坐卧的阅读沙发区也是绝对必要的设施。幼儿园不仅会定期更换图书来维持孩子的阅读热度，矮书柜、书墙的设计也很方便孩子自由拿取归还图书，因此，德国幼儿园的孩子几乎从1岁开始就会主动拿起书来看，通常也不需要谁的允许，想去就可以去。

为孩子打造一个舒适友善的阅读环境，是德国家长和幼儿园老师的共同目标之一。就算孩子还不满1岁，无法理解故事情节与内容，也能透过大人的声调与发音来学习语言。这就跟婴儿虽还听不懂大人说话，但大人持续与其对话和互动能提升他对声音的敏感度，并激活大脑发展是同样道理。听得越多，对孩子学说话的帮助也自然越大。然而，大人若只是播放CD的有声故事给孩子听，效果则非常有限，因为说故事时间其实包涵了很多的沟通与情感互动所营造出的一个舒适氛围，不是手指轻轻按下播放键就可以轻松替代。

故事书可针对不同主题，强化孩子对非日常生活词汇的印象与理解

我们幼儿园的做法是，沙发区书柜或书墙上的图书孩子可以自由取阅，这些书每隔几个月更换一次，原本书架上的书则拿去跟分校交换其他图书，采取资源共享让幼儿园常有新书上架，孩子也一直有看不完的书！除此之外，每个老师都有自己的私藏故事书，这些书则只会在每天的说故事时间登场。在我看来，园所里孩子自由取阅的书，能让幼龄孩子练习正确翻阅，并养成主动自发的阅读习惯，而且就算孩子还不识字只看图片，也可以通过看图说话的练习来帮助学发音。不过，若想要让孩子说话时能增加词汇量与句型，就必须用说故事时间或亲子共读床边故事来帮助孩子推动语言进程。

整体而言，我们在日常生活里与孩子的对话多少有其局限性，吃饭、学习、玩耍、睡觉的固定活动，让我们的说话内容有一定程度的重复，而**故事书的内容则可以针对不同主题来丰富词汇量或强化孩子对非日常生活词汇的印象与理解**。因此，只要情况允许，几乎每天我都花点时间给孩子们读读故事书，这并非强制性的学习活动，孩子可以自己决定参加与否。通常说故事时间开始前，我会先

学说话：语言发展是自我表达的基础

园所里孩子自由取阅的图书，
能让幼龄孩子练习正确翻阅，并养成主动自发的阅读习惯，
就算孩子还不识字只看图片，
也可以通过看图说话的练习来帮助学发音。

从我的私藏故事书中选择五六本出来，再让他们从这几本中选择两本来阅读，时间不长，通常15分钟就会结束，但在这15分钟，想听故事的孩子就得坐下来，不能玩玩具，也不能随意走动，所以，就连1岁半的孩子也很快学到想听故事就得好好坐着，不过若中途不想听了想离开也可以。

拿出故事书前还有个步骤，我会用布块或纸片做出类似故事中的人物或背景，再将图片摆放在纸板上先简略地说一遍大概故事，这样讲故事有几个好处：第一，它比书本更生动、立体；第二，老师可以说出故事里的新词汇，并请孩子将对应的图片黏在板上，孩子在过程中会更有参与感；第三，能轻松快速地记住词汇和剧情。

举例来说，在幼儿园里孩子很喜欢的两本英文故事书《走开，绿色大怪物》(*Go away the green monster*)和《我是海洋中最大的》(*I am the biggest thing in the ocean*)，因为借助教具的故事演出，让即使不满1岁的幼儿也能听得投入，之后再拿出故事书正式念出内容时，

各类教具是说故事时间的好帮手。

孩子们也较能马上联系到剧情发展。

关于亲子共读&选书的3大建议

父母在家念床边故事就不用这么大费周章,毕竟团体和一对一的说故事方式本来就有所差别,对孩子来说,更重要的是享受和爸爸妈妈温馨的亲子互动,只要每天睡前花个十五分钟,持之以恒,就能对学说话的孩子提供正面的帮助。

关于亲子共读,在此提供几项建议供爸妈参考:

建议1 幼儿读物的选书指南

1. 3岁以下的孩子喜欢押韵和节奏感强的读物。

不管是中文或英文,3岁以下的孩子很喜欢简单的童诗韵文形式的故事书,这些有押韵的童书,读过几次孩子就能琅琅上口,就算句子说得不完整,在听故事的过程中也总能跟拍说上几个词汇。比尔·马丁和艾瑞·卡尔共同创作的《棕色的熊,棕色的熊,你在看什么?》(*Brown bear, brown bear, what do you see?*)这本重复押韵的经典英文童书,就是我们幼儿园里小朋友的最爱之一。**押韵和节奏感强烈的绘本,会让小朋友印象深刻,学得快。大人可能会发现在重复念了几次之后,孩子已经可以记得部分语句。**当孩子对里面的押韵句子很熟悉时,老师或家长这时候可以不把整个句子念出来,在中间的某个句子段落停个几秒,看孩子能不能试着自己把接下来的关键词说出来。

2. 故事情节简单明了，同时富有戏剧张力。

除了重复押韵的文字之外，故事情节本身要简单明了，最好富有戏剧张力。丽塔·戈尔登·格尔曼的《披萨帕特》(*Pizza Pat*)就是因为故事和图画一样生动有趣，孩子常常听我念了一次还不过瘾，直嚷着要我再念一遍故事给他们听。也正因为每天被翻阅太多次，这本书的内页甚至开始脱落，我只好用胶带黏一黏再重复使用，一本页数不多的童书能被如此物尽其用，绝对值得入手。

3. 故事书的选择要与孩子的学习成长同步。

幼儿园里每隔几个月的新书选购标准都尽量贴近孩子的学习生活。举例来说，我们会念关于小朋友跟尿布说再见的故事给正在进行如厕训练的孩子听；对于即将参加幼儿园睡衣派对的孩子们，我们就会在行动前念一本关于在幼儿园过夜所发生趣事的童书，来帮他们做心理建设；针对即将要升小学的大班的孩子，我们也有一本关于孩子自己上下学的故事书，来提醒孩子大大小小的安全注意事项。因此，若孩子即将学习一个新技能，例如穿衣穿鞋，或是生活中有个新改变，例如家中即将有个新生儿，家长不妨透过相关情节的绘本来帮助孩子做机会教育，跟生活情境结合，加深孩子对语言的理解。

总结以上，家长一开始可以挑选文韵强烈的故事书当作幼儿启蒙读物，就算1岁的孩子听不懂意思，提升他们在音感和声调方面的敏感度也是语言学习相当重要的一环。至于两三岁的孩子，他们通常已经积累了一定的词汇量,我们便可开始帮孩子挑选故事剧情生动有趣的绘本。等孩子到4岁以上,随着不同学习任务和生活体验的增加,这时不同主题的故事读本就可随之登场。

建议2 让孩子自由选择每日读物

爸妈固然可以自行选择购买适龄的幼儿读物,但孩子特别喜欢的可能就是那几本。每日重复念一样的故事,甚至念完一次孩子还嚷着要再听一次,对大人来说可能是非常无聊的作业。不过对这个年龄的孩子来说,能够预知即将发生的故事情节,或是期待马上要登场的故事人物,反而会让他们觉得很兴奋、有趣,这也可以帮助孩子的大脑记住故事情节和句型模式。

相关的语言研究指出,**就算不同的故事书里涵括了同样的新词汇,当孩子一再重复听同一本书的故事内容,会比同时间念好几本同样主题的故事书,更容易记住书里新词汇的意思。**因此亲子共读时,请尽量尊重孩子的阅读意愿,让他们自由选择读物。万一孩子对某些绘本情有独钟,也不需强迫换读本,因为对他们来说,老调重弹不仅有趣,对语言学习也很有帮助。倘若孩子终于听腻了千篇一律的故事,他们也会让我们换下一本。

建议3 用声调和动作帮助孩子了解故事内容

平铺直叙地念故事内容,容易让孩子感到无聊,特别是3岁以下的孩子,他们必须透过说故事者的声调、表情和动作来理解故事内容，所以爸妈或老师在读故事书给小朋友听时，除了动作和声音要到位，最好也能够以不同的声音演绎故事中的每个角色，孩子们会听得更入迷。

此外，如果正在读一本关于动物的书，那么模仿各种动物叫声自然就少不了，我们可以反问孩子："你知道绵羊怎么叫吗？"邀请孩子一起模仿动物叫声。如果孩子已有一点词汇基础，我们也可以问孩子一些简单的问题，比如指着图片问："这是什么？"当孩子回答"飞机"，我们可以正面肯定他的回答，并做词汇的延伸，说"对，这是飞机，这是一架很大的飞机。"

阅读的启蒙永远不嫌早。只要父母和老师能够针对孩子的阅读需求和喜好，邀请孩子一起进入温馨多彩的阅读小天地，不仅对孩子语言学习有正面帮助，每天也都能享受一段优质的亲子时光。

针对不同年龄阶段孩子的选书建议

1~2岁孩子

挑选与生活经验关联有主题性的翻翻书或是文韵强烈的故事书当作幼儿启蒙读物,增加孩子认识单字的数量,并提升孩子在音感和声调上的敏感度,这是语言学习重要的一环。

推荐书籍

❶《棕色的熊,棕色的熊,你在看什么?》(比尔·马丁和艾瑞·卡尔著)

这本书涵盖动物和颜色两大主题,可让孩子模仿动物叫声,做不同的发音练习,此外英文版的句子富有节奏感,很多孩子在听了几次后,都可以跟着说出句末的单字。

❷《宝宝的肚脐在哪里》(Where is baby's belly button?)(卡伦·卡茨著)

卡伦·卡茨的童书非常适合作为1~2岁的幼儿的启蒙书籍,主题清楚,颜色鲜艳,翻翻书内页设计让幼儿非常着迷,这本书的主题是教孩子认识身体部位,而其他不同主题的书也非常值得参考。

❸《小玻在哪里》(Where is Spot?)(艾力克·希尔著)

老师和家长都不可错过的一本经典热销童书,故事内容除了以动物为主题,找寻小狗狗Spot藏在哪里的过程对孩子来说具有高度趣味性。本系列的童书涵盖的主题很广,这是我认为比较适合念给1~2岁幼儿听的其中一本。

2~3岁孩子

孩子已经积累一定词汇量，可以帮孩子挑选故事剧情生动有趣的读本。

推荐书籍

❶《面包师，饼干师》(Baker Baker, Cookie Maker)（琳达·海沃德著）

芝麻街童书系列中孩子绝对的心头好，故事情节简单有趣，让人一听上瘾，百读不厌！

❷《熊猫鹏鹏闹脾气》(Pom Pom gets the grumps)（苏菲·亨恩著）

故事是关于一只老爱生气的熊猫，最后发现好朋友都被自己的坏脾气给赶跑了，很适合读给2~3岁常有突然高涨情绪的孩子听，本书的插图充满童趣，相当可爱。

❸《披萨帕特》(Pizza Pat)（丽塔·戈尔登·格尔曼著）

我们幼儿园里说故事时间声势不坠的人气王，这本讲述的是一个披萨师傅烤完披萨后太累打了一个盹，结果披萨被一堆老鼠吃个精光的故事。故事节奏明快，加上逗趣的韵文，绝对让孩子听得入神。这本书虽然已经绝版，不过仍可通过网络上的二手书市获得。

❹《小青蛙穿衣服》(Froggy Gets Dressed)（乔纳森·兰登著）

这是关于一只小青蛙睡前看到窗外下起皑皑白雪而兴奋地想出去玩，整装出发后，却发现自己竟然又忘东忘西地来回折腾。在这本书里，孩子除了认识衣物的名称，也会同时学到穿脱衣物的动作。故事逗趣幽默，是一本大小孩子都爱读的故事书。

3岁孩子

随着不同学习任务和生活体验的增加,可选择不同主题的故事读本。

推荐书籍

❶《我是大哥哥/大姐姐》(I Am a Big Brother/Sister)(乔安娜·科尔著)

这本书很适合念给家中即将迎接新生弟妹的小孩听,浅显易懂的语句和温馨的画面,让孩子为家中新成员的加入做好准备,并以自己晋升"大哥哥/大姐姐"而自豪。

❷《我的便盆》(A Potty for Me)(卡伦·卡茨著)

孩子在进行如厕训练准备的前期和中期都可以读这本书为他加油打气,让孩子没压力地自我挑战!

❸《我睡在一张大床上》(I Sleep in a Big Bed)(玛丽亚·范·利肖著)

当家长想要开始鼓励孩子尝试自己分房睡觉,不妨读读这本书来加强孩子的信心。

3岁

第四章

孩子会说话之后,下一步竟是学"说谎"

想象力发展时期,幼儿爱编故事,别一味责怪

从幼儿发展进程看来,"说谎"不管有意无意都是很常见的现象。

4岁以下的幼龄孩子对现实和想象世界的界线相当模糊,孩子无意间说出的"谎话"常出自于丰沛的想象力,是游走在现实和想象之间的游戏。

墙上的挂钟显示为一点整,此时正是幼儿园的午休时间,除了几个选择不午睡的大孩子,大部分的孩子使劲玩了大半天,很快便进入梦乡补充体力。

3岁的唐妮蹲坐在地板跟玛雅玩娃娃,她们刚开始进行如厕训练没多久,两个小女生已经决定好跟尿布说再见,只是偶尔难免会抓不准时机。有时候一整天都没尿湿地完美收场,隔天却可以一下午就尿湿裤子四五次,因此头两个礼拜,如果孩子没有主动说要上厕所,幼儿教师还是会至少隔一小时提醒孩子如厕。

"唐妮,玛雅,需不需要去上个厕所?"

玛雅听到我这样问,顿了几秒钟想了一下,随即快步走向厕所,一旁的唐妮却若无其事地抱着她的婴儿娃娃继续玩，我于是再提醒一次："唐妮，你该去上厕所啰！"

唐妮抬起头来对我说："可是宝宝在哭，我现在不能离开。"

我一听，又好气又好笑地跟着唐妮的脚本走，"是哪位宝宝在哭啊？我可以帮你……"话还没说完，唐妮硬生生地把我的话打断，用手指比了一个安静的手势，轻声对我说："凯特你太大声了，宝宝现在想睡觉了，请保持安静。"

这不是唐妮第一次凭借想象力随兴演出，单就提醒她如厕这件事，就有"有人在用厕所，要等一下"或者"凯莎老师说可以等下再去上厕所"这几个回答版本。

4岁以下孩子分不清现实和想象的界线，"说谎"是幼儿发展常见现象

班上另一个偶尔会说谎的孩子是3岁的约翰，他在入园初期很黏德国幼儿教师凯莎，常常凯莎走到哪都要跟着，偶尔凯莎在厕所帮别的孩子换尿布时，1岁多的他就会对我们说他的尿布里有臭臭也要换，几次过后，我们发现他只是找到了一个可以跟进跟出的方法。等到他更大一点，开始懂得用说谎来逃避可能有的处罚。例如，当他擅自打开教务柜拿里面的教具来玩，被问到怎么拿到时，他会说已经问过某位老师了（通常是不在场的老师）。

表面上孩子说谎背后的原因不外乎是达到目的、逃避惩罚，或

者回避不想做的事情，但若从幼儿发展进程看来，"说谎"这种不管有意无意擅自对事实添加描述或更改的举动，都是很常见的现象。

4岁以下的幼龄孩子对现实和想象世界的界线相当模糊，因此会对童话故事里仙女精灵和杰克魔豆的情节深信不疑。这阶段孩子无法清楚分辨自己是不是在说谎，无意间说出的"谎话"常出自于丰沛的想象力，而此时说谎对他们而言，是一种游走在现实和想象世界之间的游戏。特别是**当孩子的认知和社交能力到达一定程度后，他开始理解人有各种不同想法，也逐渐懂得迎合大人的期待，有时候幼儿看似说谎的行为只是因为他单纯地认为这会是个好答案，想引起大人的注意，并不是故意欺骗。**

我的观察是，大多数的孩子其实并不具有"预谋"或"策划谎言"的能力，孩子在闯祸后并没有"糟糕了，等下老师/妈妈来问是谁撕破书的时候，我得说是弟弟才不会被骂"这般精细的想法，他们常常是在被问及的当下，因为观察到大人的表情和说话口吻觉得状况不太妙，才脱口编了一个可能让自己"转危为安"的故事。

不想孩子有意无意地说谎，成人改进做法的2大建议
——处罚说谎不如鼓励诚实，孩子才能切实体会说谎无益

4岁以上的中大班孩子，在认知和情绪发展进步之后，会开始从自我中心模式跳脱，慢慢学会去留意他人的感受，也会从日常生活中大人的反应懂得一件事，那就是大人也会说谎，因为有时候说

实话会让人伤心。我们可以这样告诉孩子，他们有权利如实地表达好恶，但说出的话若会伤害到别人的感受就不见得是一件对的事。

其实要成功地说一个善意的小谎骗过别人，也非易事，孩子必须要先能够准确推测他人的感受和想法，预测可能随之而来的反应，谎言才不容易被拆穿。孩子在幼儿园时期会逐步培养这一理解他人情绪和思想的能力，进而能正面与人沟通互动。大人固然想要教孩子诚实的重要性，却也怕孩子因而养成不懂得适时察言观色的呆板性格，因此**大人有必要去了解不同阶段孩子撒谎的可能因素，先不要急着指责、处罚或是把孩子贴上不可信的标签。**

我会建议，想避免孩子牛皮越吹越大或一再有意无意地说谎，家长和老师可以朝两个方向来努力：

建议1 不要明知故问

孩子满嘴的巧克力，但他说他没吃，无需多此一举问孩子有没有偷吃巧克力，因为孩子很可能觉察到气氛不对而说谎。也不用刻意指责他为何不敢承认所为，孩子不太会因为大人的质问而改变说法，但大人却可能越问越生气。因此，针对小一点的孩子，我们可以告诉孩子："你嘴巴上有巧克力，你吃了几块呢？"

至于五六岁的大孩子，我们就得换个方式问，因为五六岁的孩子多半已经知道偷吃后要把嘴擦干净，大人不妨直白但温和地告诉孩子："盒子里的巧克力少了好几块，是不是你忘了问妈妈就不小心先吃掉了？你说实话妈妈会很高兴。"此时大人需要特别留意说话的口吻，因为严厉质问孩子的结果就是孩子感到害怕而说谎。因此，我不太建议大人以"下次再被我抓到你说谎就完蛋了！"的强硬态度来处理孩子的说谎行为，**孩子如果是因为逃避惩罚而说谎，威胁只会加深孩子的恐惧，无形中也让孩子知道要更小心说谎细节，进阶成更高段的说谎者。**

追根究底，要孩子从小养成诚实的美德，第一要素就是家长或老师必须给孩子一个可以舒服说实话的环境，让孩子知道你只是想了解他的需求，你希望知道如何协助他，孩子会明白其实没有说谎的必要。**很多时候大人抓对时机说一句"谢谢你告诉我实话"，正面肯定孩子说实话的行为，会比负面惩罚孩子说谎更让他理解其中的道理。**

然而幼儿园时期孩子的"偷吃"行为相当常见，如不强硬制止或处罚，若孩子一再屡犯又该如何处理？

从心理层面来说，被禁止或难以取得的食物，往往更容易诱发孩子的嘴馋。大人把家里的零嘴甜食藏放在柜子上方，对四五岁已经知道要搬椅子登高去拿的孩子恐怕不适用，也徒然增加危险和意外发生的可能性。父母若不希望孩子吃太多零嘴，也就必须要求自己能做得到，与其放一大堆零食在冰箱或是柜子上面只方便自己嘴馋时拿来吃，倒不如将少量零食放在孩子可以安全取得的低柜子里，同时告诉孩子，除了接近正餐时间时不要吃零食（若孩子真的喊饿可以红萝卜或三色椒等蔬菜棒代替零嘴），其他时间孩子想吃零食时可以问过爸妈后自己去拿。若是适时适量，爸妈其实可以不必太严格地说NO，孩子也有机会学到饮食自律。

建议2 让孩子体会说谎无益

文章一开头，唐妮因为不想去上厕所，所以编了个蹩脚的谎说她的洋娃娃在哭她走不开。如果我此时戳破她的谎言泡泡，下次她只会换个谎话，说"我刚刚尿过了"，让人更难分辨她话语的真实性。这时我们可以**帮孩子说出她心中可能的想法，而不是责问孩子为何撒谎**，所以我对唐妮说："我知道你想跟娃娃玩，你怕尿尿回来娃娃可能会被其他孩子拿走，我会请米拉老师帮你照顾娃娃，等你尿尿回来再还给你。"

几次过后，唐妮会知道就算她说谎也没用，因为她并没有因此躲掉当时不想进行的活动（去厕所），但她会因此学到如何让情况变得可以接受（娃娃交给他人托管）。一旦老师或爸妈能引导孩子思考变通的可能性，而非一味责怪孩子不诚实，就能减低孩子说谎的频率。

3岁

第五章

怎么办？孩子说他讨厌我

3～6岁孩子语言爆发期，听到就想说，好的坏的都学

不动怒的教养心法，就是一再提醒自己去理解：
孩子的恶言相向只是在宣告自己被情绪漩涡淹没的求救。真正心智成熟的大人应该有能力伸手把孩子拉出来，而非让自己也被情绪席卷。

几年来待在教育的最前线，我亲眼目睹过无数次孩子高强度的情绪问题，但若仔细探究每个暴躁行为背后的原因，得到的结论就是：小题大做是幼儿园孩子的日常。你认为重要的理由对他们而言根本无感；同样的，大人眼中孩子的小题大做，孩子内心旁白说的却是："你这么做，我发一顿脾气也只是刚好。"

有一回跟幼儿园的家长聊天，她突然想起什么似地，摇着头说："凯特，你绝对不会相信昨天发生什么事，理查真的快把我逼疯了。"

"真的吗？这些年下来我听过太多疯狂版本。"我笑着对她说，"说来听听，我很好奇理查到底做了什么？"

理查妈妈等孩子进入幼儿园后，开始向我大吐苦水："昨天从幼儿园接他下课后，我们一起到附近超市采买日用品，也买了他最

爱吃的饼干,回家途中他说肚子饿,我就把饼干打开给他吃,我告诉他只能吃一片,因为马上要吃晚餐了……"

没等到理查妈妈说完,我就先猜:"结果他吃完想吃第二片吗?"

她一副"早料到你会猜错"的表情摇着头说:"他在吃饼干的时候一不小心掉在地上,饼干脏了碎了,他开始哭了起来。我原以为他是因为被限制只能吃一块才哭,就安慰他说我会再给他一块,但再弄掉在地上就没有了。可没想到他要的竟是原本那一块,他要求我把地上的碎片'修理好'还原成一片给他吃,你说夸不夸张!"

我听了忍不住大笑:"这难度也太高了点,虽然我现在听了觉得很好笑,但我了解你当时一定被气昏头了。"

"就是啊!再给他一片也不要,也想干脆心一横他要吃就捡地上的碎片吃好了。可他说得很清楚,就是非要我把碎掉的饼干'修理好'!"

"那最后你怎么做的?"我不禁好奇地问。

"我摆明地跟他说我修不好,惹得他大崩溃,最后理查竟对我大吼'妈妈是笨蛋!'"

"哇,那他真是彻底失控了,这饼干想必相当好吃,是哪个牌子?"我开玩笑地问。

理查妈妈笑了出来,"他哭得上气不接下气,我只好半牵半拉地把他带回家。"她继续说,"其实我不是没想到法子,我想过跟理查一起把饼干大块碎片捡起来,回家把它打碎重新跟新的饼干面团搅成一块,再让饼干'重生'。但我觉得如果这办法是他自己想的就很好，或是他也可以找出其他方式解决。可当时他就是不能接受饼干碎掉的事实，我认为让理查知道有些错误就是无法复原，不是每件事都能照他的期待，对他来说也是很重要的学习。"

面对孩子的攻击性言语，别在他的情绪高点说教
——"你这样说我很伤心。"事后让孩子了解自己的言行如何影响他人感受

很显然的，理查妈妈对孩子朝着她飙骂的那句"妈妈是笨蛋！"选择了不直接响应，对她来说，那是孩子的情绪到了无法承受的高点所说的气话，孩子内心呐喊的可能是"我无法接受这样的结果！我不知道能怎么办！"

她告诉我，反正理查不时在撤换她的头衔，有时她是"最好的妈妈"，有时一不顺他的意又会降级为"笨蛋妈妈"，她会感到泄气，却不会过度反应。因为她也发现，**光是同理孩子的情绪还是不够，孩子也必须了解自己的言行将如何影响别人的感受。**

"之后我问他，他真的明白'笨蛋'是什么意思吗？说别人是笨蛋是一句很伤人的话，妈妈因为这句话觉得很难过，因为笨蛋就代表我什么都不会，当然也不会陪他玩，或在睡觉时念故事书给他听。如果他下次再说这样的话，时间到了请他自己睡觉，因为笨蛋妈妈不会说故事。"

我转述这件事给幼儿园老师听时，多数老师都认为理查妈妈处

理得当，她不仅清楚明白孩子的攻击言语并不是孩子真正要说的话，而且在理查情绪高点她不说教，等孩子情绪回复之后再跟孩子解释自己的感受。随后还进一步让他了解爸妈尊重他的情绪，但不礼貌的言行不是每次都应该被原谅。头几次理性劝导后，若发现孩子的攻击性言行不仅没改善，反而加码演出时，父母和老师就有必要让孩子知道自己言行所带来的后果，自己必须承担。

3个步骤先建立信任再教规矩，大人不动怒才能稳住教养立场

"爸爸/妈妈是笨蛋！""我最讨厌爸爸/妈妈了！"这两句应该是幼儿园年纪的孩子出言不逊时最常上榜的两句话，针对这种情况，德国老师通常会给家长以下的三步骤建议：

步骤1 绝对不当孩子的负面教材

"孩子咬我，我就咬回去，让他知道咬别人会痛！"或是"孩子骂我笨蛋，我就骂到他不敢再乱说话！"的想法，恐怕只会变本加厉地强化幼儿园年龄孩子的负面行为，因为他们此时尚未完全建立同理别人感受的能力，之所以口不择言，常常只是单纯被高强度的情绪淹没。大人如果感受到自己已经怒不可抑，情况允许的话不妨先暂时离开现场，或是暂时不开口，不仅等孩子的情绪平复，也给自己多一点时间思考如何响应。请注意，**大人处理事情的"高度"非常关键，你**

越失控,孩子就越会有样学样,如果真的没办法做到口气平稳地说理,爸妈也可以选择沉住气不开口来表达对其言行的失望,通常孩子情绪一过,反而会从凝固的气氛中知道自己刚刚犯了错。

步骤 2 劝导时避开孩子的情绪高峰

等到亲子双方都冷静下来,爸妈再向孩子解释,让他知道不当言行带给他人的感受。无需过度聚焦在孩子当时说的内容细节,可能连孩子自己都不太清楚当时说了什么不礼貌的话。大人此时要向孩子传达的讯息重点只有一个:**我能理解你生气的原因,但我不能接受你不礼貌的吼叫与谩骂**。你可以跟孩子一起找出正确的表达语言,如:"妈妈,我对你非常生气,因为……"或是"我不喜欢你这样做。"也可以告诉孩子你需要一个表达爱的大拥抱,告诉他家人之间要彼此以爱相待,不互相伤害,下次他生气时请试着说出原因,你才能帮助他一起处理问题。

步骤 3 孩子屡劝不听时,大人的应对方式必须合情合理

通过以身作则、理性开导的方式,若能让孩子学会不再对你进行言语或肢体的攻击当然最好,但坦白说,**幼儿园学龄的孩子爱试探大人底线是天性**,所以大人还是有必要花上一段时间观察孩子的无礼言行是否得到改进,从而改变应对的方式。"笨蛋妈妈不说床边故事"的处理方式严格来说虽然有点强势,最起码也符合3岁小孩可以理解的逻辑。大人若贸然用丢玩具或换一个新爸妈的威吓手

段来处罚孩子的攻击性言行，孩子可能只会理解到我这样说或做会被处罚，却无法真正明白自己言行失当的地方。

对于孩子不礼貌的玩笑话，冷处理是当下最适合的应对

3～6岁的孩子正是吸收新词汇的高峰期，有时不知从哪儿来的话听过一遍马上就学着乱用，大人有教养责任让孩子明白语言的力量可能有好有坏，基于这个原因所以我们更要谨言慎行。其实在幼儿园里，虽然不常发生，但还是会有孩子对老师言语攻击的零星个案发生，在德国幼儿园里老师不管基于什么理由，大声吼小孩都是失格的行为，更别说情绪化地骂小孩了。通常在这个情况下，幼儿教师会有以下几个回答：

"我知道我不是笨蛋，我还知道你现在很生气所以骂人，你想告诉我你为什么生气吗？"

"你这样说会让人觉得很难过，等你冷静一下我再跟你谈一谈，或者要不要去沙发区躺一下，你会好一点？"

如先前所提到的，有时孩子刚学到一个不礼貌的新词汇就会不加思索地说着玩，因为他们好奇会引起大人的何种反应，此时我们过于激动的响应只会正中他的下怀，但孩子玩得过火不加以制止也不行，所以我们可以冷处理孩子不礼貌的玩笑话，例如说："你这样说很没礼貌，所以我暂时不太想跟你玩。"随即离开现场，不再对话。

不动怒的教养心法，就是一再提醒自己去理解：**孩子的恶言相向只是在宣告自己被情绪漩涡淹没的求救，一个真正心智成熟的大人应该有能力伸手把孩子拉出来，而不是让自己也被情绪席卷。**

但这不代表我们应该充当孩子的受气包，当孩子的攻击言语强度不断升高，父母也应警惕自我，寻求与之相对应的处理方式。亲子关系的好坏，不以长远的眼光来看是无法论断的，别让溺爱孩子的心成为教养上的绊脚石。

第六章

双语/多语能力是趋势，几岁学才恰当

学习外语对母语能力是否造成影响，取决于心态和方法

> 幼儿园的孩子学双语应与生活融合，以培养语感语调和外语学习的兴趣为主。
>
> 过度注重成果展现，孩子淹没在一堆与其生活经验毫不相关的词汇里，对他的语言启蒙其实只有反效果。

德国的汉堡市有很多来自世界各地的外来人口。

这些人口在汉堡市定居工作甚至组成家庭后，他们一边希望孩子能学德文融入环境，一边也希望尽量让孩子练习说爸妈的母语，在自然的双语环境下学会使用两种语言。另一方面，爸妈都是德国人的本地家庭则认为德国位于无国界的欧洲中心，双语能力在将来不论升学或就业都是必备条件，想让孩子从小拥有双语环境的家长也越来越多，因此不管是德文/英文、德文/中文、德文/西班牙文等等各种不同的双语幼儿园也应市场需求而生。

英国爱丁堡大学的发展语言学教授安东妮娜·索拉斯博士（Dr. Antonella Sorace）曾经对"双语能力"提供以下的解释：双语能力意指能够通晓两种语言，即使这两种语言的程度不完全相同，或是语言使用上仍有错误。只要你能在日常生活中流畅通顺地使用两种语言，你便具有双语能力。

在德国，除了母语德文为主的"全德文"幼儿园以外，任何一家标榜"全美语"或是"全中文"的幼儿园都难以得到德国父母的青睐，也因此德文和双语（不限定英语）在德国的幼儿园教学系统是两大主流。对大多数的德国父母来说，无论有没有意愿让孩子学习外语，他们绝对不敢忽略孩子学习母语的重要性。

许多语言研究指出，**母语之所以重要是因为这是孩子所接触的第一个语言，母语程度的熟练与否对个人之后的外语学习能力会有相当程度的影响**。以全世界普遍学习的第一外语英文来举例的话，想学英文的孩子先打好本身母语的根基，比较能够把英语学好。然而，以此单一论述来断言幼儿园孩子不适合学外语，我个人认为仍有失公允，因为另一个显然的事实是：在完善且支持的双语环境下，幼龄孩子的确能更快地掌握外语。在德国双语幼儿园任教之前，我在中国台湾的双语和国际幼儿园都当过几年英语老师，在我看来，**孩子学外语的年纪大小并不是问题所在，最大的症结点在于语言的带入模式是否适当，以及老师的教学方式是否影响到孩子本身母语的学习**。

德国幼儿园落实双语教育的3大重点

我们幼儿园每年都提供在职短期进修的福利，园所老师若有感兴趣的幼教相关进修课程，每年可以自由选修三天至一个礼拜的课程，期间不用来幼儿园上班，费用由幼儿园全额补助。通过几次的进修课程，我也因缘际会认识了几位来自不同双语幼儿园的外籍老师。其中有同在德文/英文双语幼儿园工作的英国人，也有在德文/挪威文双语幼儿园工作的挪威人，我发现来自不同体系幼儿园的带班方式虽然多少有些出入，但在落实双语教育方面，大家的做法却相当一致，总结来说有以下三大重点：

重点1 一人一语教学策略

首先，以学生人数来决定德国老师和外籍教师的比例。以幼小班为例，如果一班有十七个孩子，师生比例一比四，则班上各有两位德国老师和两位外籍老师。中大班的孩子若一班有二十六人，师生比例则为一比五，会有三位德国老师和两位外籍老师。也就是说，若无法完全均分，额外分配的一位老师会以说德语的老师为优先考虑。

幼儿园严格规定，除非在危及孩子安全时，否则德国老师只跟孩子说德文，外籍老师则只跟孩子说英语，而德国老师和外籍老师之间也是以各自熟悉的语言进行沟通。德国同事跟我说德文，我会以英文回应，反之亦然。

由此可知，**一人一语的双语教学方式必须建立在本籍和外籍老师对另一个语言具备基础的沟通和理解能力的条件上**。不少中国台湾的双语幼儿园所聘请的外籍教师全然不谙中文，于是中国台湾教

PART 1

师必须用不甚熟悉的外语（通常是英语）跟外籍教师沟通班级事宜，甚至在中大班后为了让孩子有更多机会开口练习说英语而更改语言模式，也开始跟孩子用英语沟通，这其实是本末倒置的做法。

因为**唯有两种语言尽力达到平衡，在不影响幼儿园学龄孩子学习母语的前提下，才能真正落实双语教学**，否则就会发生有些人所担忧的，太早学习外语会影响孩子母语能力的问题，到最后可能两种语言都无法学好。

重点2 不限制孩子说母语

满2岁的孩子，已有基础的语言理解能力，并能开口进行简单沟通。这时老师们除了进行一人一语的双语教学策略，还必须谨守一个大原则，就是绝对不限制孩子说母语。

坦白说，以我对中国台湾几间不同体系国际幼儿园的实地了解，我认为全美语幼儿园并不是一无可取，它的确提供给很多非英语家庭的孩子一个自然接触并使用外语的学习环境，但坊间一些全美语幼儿园严禁孩子说母语的现象是我个人比较难以认同的部分。以我工作的德/英双语幼儿园来说，这几年下来接触了不少其他国籍的家庭，有爸妈皆是法国人的家庭，有荷兰籍爸爸加上捷克籍的妈妈，也有瑞典爸爸加上西班牙妈妈的组合，德文和英文都不是这些家庭孩子第一接触的母语，因此，刚进入幼儿园初期，有些已具语言理解力的孩子会因为同时间接触四种以上的语言（在家爸妈各自使用不同母语与孩子沟通，幼儿园又是另一个双语模式），而呈现一种语言的迷走状态，导致孩子较晚开口说话。这些孩子在幼儿园里说自己的母语并不会被制止，只不过因为所说的语言对应少数人，久了他们也会自行选择德文或英文来沟通。事实证明，这些多语环境的孩子最后到幼儿园毕业时，虽然口语能力会有个别落差，但多数都可以理解并使用长期接触的三种甚至四种语言。

简单来说，**幼儿园的做法就是只单向要求老师各自使用熟悉的语言，至于孩子要选择使用哪一种语言则不加以限制**。举例来说，询问孩子的活动参与意愿是我们每天都要一再重复进行的对话，当我以英语问2岁半的麦金想做什么，他有可能以英文回答我"I wanna go outside.（我想出去）"也许会以熟悉的母语德文回说"Ich möchte draßen spielen."如果是后者，我不会刻意纠正他所使用的语言，只会以英文再跟他确认一次"So you wanna go outside?"孩子点头说对之后，鼓励他用英文说一次关键词"Go outside"，表达能力好的孩子也可以请他整句说完，通常两三次下来，孩子就能记住词汇的意思。幼龄孩子天生就有学习多语的能力，因此只要大人的心态正确且放松，要养成孩子良好的双语能力并非难事，而外语程度的提升和母语使用多寡也没有绝对关系。

重点3 幼儿园时期的双语教学旨在扎根，而非收成

就跟德国幼儿园不教读写、没有家庭作业一样，德国的双语幼儿园也不办语言成果展，没有话剧表演，没有涂满浓妆的稚嫩脸庞在台上劲歌热舞。孩子每日所学的一切散落于日常生活中的许多零

星片刻，孩子在公园里看见天空的一架飞机，会立马对米拉老师用德文说"Ein Flugzueg war das.（那是架飞机。）"接着又跑到我身边来，指着飞机用英文告诉我"Airplane.（飞机）"他们在幼儿园几年下来学到的词汇总和，可能远不及中国台湾任何一家国际幼儿园大班一学期所学到的词汇量，但要我给两方评价的话，我仍会认为德国幼儿园的双语教育胜出。

原因在于，虽然他们现阶段知道的词汇很有限，但对学习英语的热情却会只增无减，我知道他们真的是在无压力的状况下学习到的每个词汇和句子的用法。每次当我问园所里的大小孩子"你们会说英文吗？"，他们总是自信满满地以英文回说："会，我会说英文。"常常有德国家长私下跑来向我和另一位南非来的外籍教师克劳蒂雅道谢，谢谢我们在双语教学上为孩子所做的努力，孩子不管在家或是在外面，时常会脱口而出几个英文单字和句子。不过就我个人而言，最开心的莫过于班上3岁的苏菲雅跟妈妈说："我很喜欢英文，说英文很好玩。"

许多年前，我在一所国际幼儿园授课，和其他知名的连锁幼儿园一样，这家幼儿园也有一套自己编的美语教材。有一次，在教师休息室备课时，旁边加拿大籍的外教也正在备课，他看了幼儿园的课本突然不可置信地摇头说："凯特，这有点离谱了，幼儿园的孩子竟然要学雪崩（Avalanche）这个单词，我很纳闷他们什么时候会需要用到这个字。"

这样的例子不胜枚举，幼儿园每个月都有不同的单字要背要考，就算孩子考过了，没机会用到自然也就忘了。然而很多家长无法理解，甚至不愿意去理解的一个事实是：如果孩子在课堂上学的单字没有机会在生活里使用，这些单字过些时日就会从孩子的记忆里消失得无影无踪，那么就像是从没学过一样，学得再多也只是徒劳。

中国台湾长期的双语教育未能真正落实的原因之一，在于双语教育的天平从一开始就没有致力让它达到平衡。**幼儿园的孩子学双语，应与生活融合，以培养语感语调和外语学习的兴趣为主要目的。**但不少双语或国际幼儿园却过度注重成果展现，孩子淹没在一堆与其生活经验毫不相关的单词里，对孩子的语言启蒙其实只会起反效果。于是，从小孩到大人，似乎人人都在学英语，但出了国能自信地使用英文的人却仍是相对少数。这种过于躁进的语言学习方式，很容易让孩子还来不及享受学外语的乐趣，就先被排山倒海的学习压力破坏了学习兴致。

在家创造英语口语环境，爸妈实行双语教育的注意事项
——落实双语教育的大前提：一旦语言模式确定就得确实执行，不因场合而切换

如我们所知，不管学哪一种外语，频繁且大量的听说练习能有效提升外语能力。在德国幼儿园，一开始摸不着头绪的德国家长也会在入园初期问我，因为他们都能说流利的德文、英文，有没有必要在孩子进入幼儿园后，在家也转换为德英双语模式来帮助孩子适应？

PART 1

通常我的回答是，只要他们能自始至终对孩子使用同一套语言，就不会是问题。然而他们若只局限在家说外语，一旦出了家门因为顾虑场合和他人感受又切换为母语模式，这样的做法其实对孩子的双语能力没有太大帮助。**落实双语教育的第一个大前提就是语言模式一旦确定了就得确实执行，不会因为今天去超市、去餐厅，或是参加亲朋好友的聚会觉得太尴尬就一再切换。如果有彻底执行上的困难，我便不建议采用此种双语教育法。**

我明白，有时候家长帮孩子复习课堂上学过的英文，其实也是希望把仅剩的空闲时间做最大化的利用，一方面可以了解孩子在校的学习情况，另一方面还可以亲子共学培养感情。从这一出发点来看，当然没有什么不好。

然而，我看到另一种令人不解的做法是，求好心切的家长为了帮孩子创造更多的外语环境，勉强自己用自身不熟悉的语言与孩子沟通。

"宝贝，你要不要more orange juice？（更多的橙汁）"

"这个地方我们上个weekend（周末）就去过了不是吗？"

幼龄孩子在刚开始学习两种语言的时候，偶尔会出现语言混用的情况，这是可以被接受的过渡时期，因为随着每天的双语对话，孩子会自动厘清并整理出两种语言的思路而逐渐修正过来。然而，大人在跟孩子沟通时若同一个句子有两种以上的语言交叉混用，对正在建立双语思路的孩子造成的干扰只怕多过于帮助。

> **注意事项**
>
> **双语教育，孩子做足暖身，学习事半功倍**
>
> 　　爸妈关心自家孩子的双语教育是件好事，亲子共学外语更是好上加好。然而，**语言的学习之路何其漫长，过程中享不享受很重要**。观察孩子的兴趣和需要，再根据家长自身的语言条件补给孩子所需要的学习养料，甚或慢慢地等，耐心等待孩子暖身做足再让他自己起跑也不迟。

Q 为什么孩子总把我的提醒当耳边风？
说得越多，孩子的问题反而更严重？

A 爸妈的碎嘴叨念，反而让孩子充耳不闻，
孩子的事让他自己来，教养有时无声胜有声。

多了"父母"这个头衔之后，我想很多人不只在生活上、心境上不得不做出调整，就连个性都因为育儿大小事而产生微妙的质变。不管当爸妈之前每个人是如何优雅自在，在商场上如何运筹帷幄，往往生活中只要多了一个孩子，所有的一切便跟着乱了调，人变得焦虑易感不说，被孩子整得狼狈不堪的一天结束后，心头涌上的常是满满的挫败感。

不少爸妈自问努力认真育儿求知，大小事一身揽不假他人之手，他们清楚知道孩子需要管教却遍寻不着对的着力点来推动教养进程。其中我个人观察到最普遍的现象之一，莫过于爸妈因为承载了太多担忧而不自觉地感染上教养的头号恶习——碎嘴叨念的无限放送。

"玩具赶快收拾好！"

"怎么不多吃一点呢？"

"水壶有放进背包里了吗？"

"你穿成这样会着凉喔！"

这些父母或老师常挂在嘴边的暖心叮咛，对于正在学习常规和生活自理能力的幼儿园孩子，原是无可厚非的善意提醒，因为几乎每个家长老师都曾经说过类似的话，我也不例外。但是，当孩子的年纪慢慢长大，随之而来的学习任务也跟着增加，家长或老师若没有及时体认到放手让孩子学习自理自主的重要性，很快会惊觉叨念的事项以惊人的速度增加，脑袋不知何时已完整内建了一个会主动更新的碎念模式，无法克制地停不下来。别说孩子越大闪得越远，自己也渐渐发现一再重复的叨念技法似乎陷入无止境的循环。

屡次提醒都无效的如厕训练，换个"说法"效果竟然大不同！

即将满3岁的玛雅最近在进行如厕训练。午餐后的半小时内会想要解便是她的习惯，几位老师都会在饭后提醒她如果有便意就要赶快去上厕所，她总是嚷着不想上，却在五分钟后拉了一裤子。一连好几天都是这个状况后，虽然知道这是如厕训练的阵痛期，老师也不会在玛雅面前多说什么，但我们讨论过后，决定与其频繁地提醒，不如稍微变通一下方式。我们知道玛雅很喜欢看书，便特地在厕所放置了一个木制迷你小书柜，里面摆满了一本本页数不多的口袋童书。我跟玛雅说，吃完午餐后如果她愿意，可以提早去厕所看书等便便出来，万一书看完了还是上不出来也没关系，她可以随时离开厕所。

也许是之前每个老师一再提醒她如厕过于恼人，玛雅相对地也较能接受我们的新建议。当天中午，其他孩子去午休的时候，选择不午休的她，在老师提醒如厕后并没有如往常地抗拒，就径自走到厕所挑了本书开始蹲马桶。据当时在厕所帮其他孩子换尿布的德国老师米拉叙述，坐没五分钟，马桶就传来扑通扑通的落水声，玛雅终于完成在马桶上大号的如厕训练！老师们和玛雅都很开心，互相击掌庆贺！

就因为蹲马桶的时候，手上多了一本书打发时间，玛雅连着几天竟神奇地都在马桶上顺利大号，也省得每天都带着一袋臭裤子回家。结果过没多久，有一天老师米拉发现午餐过后玛雅并没有去厕所蹲着，怕她一玩又忘了，便又提醒她说："玛雅，你要去看书上个厕所吗？"只见正忙着拼组乐高玩具的玛雅抬起头，身体往侧边一扭，仿佛米拉问了一个绝顶荒谬的问题，她抗议似地噘起嘴说："我要上厕所的时候就会自己去！"

米拉顿时好气又好笑，只能两手一摊说："好的，我知道了。那我们就不再提醒你啰！"

米拉话才刚说完，这时玛雅突然神情紧张地站起身来，她不发一语，然后极度不自然地一拐一拐快步走向厕所，我见状马上跟过去看，发现她的底裤其实已经沾到了，我也不多说什么，耐心等她上完，再请她自己换上新的裤子。

家长与老师提醒孩子时应注意的2大重点

以玛雅练习如厕这件事作为例子，是因为我认为这个过程概括了很多家长老师都容易疏忽的两个重点：

重点1 提醒必须适龄适性，并厘清责任归属

对幼儿园年纪的孩子来说，大人的提醒叮咛固然在所难免，但也必须注意到提醒这一方式有它的退场时机。例如当玛雅自己决定不穿尿布时，我们就开始进行如厕训练，一开始老师们大概每隔一小时就提醒她应该去上厕所了，避免她玩到完全忘了这回事。小号的训练还好，玛雅很快地就能知道自己什么时候得去厕所，或许是上大号的时间对她来说太难说准，一人在马桶上蹲着也实在无聊，所以每次提醒她，都说还不想上，等过没多久闻到臭味就已经太迟了。

在观察到她每日的排便作息后，老师们时间一到就越发频繁地提醒，效果却也不尽理想，一直到在厕所设置了小书柜，才总算开始奏效。成功了几次之后，即使玛雅偶尔还是会拉在裤子上，我们也不再每天时间一到就忙着提醒，毕竟我们不比玛雅更清楚她到底何时该如厕，玛雅不能一直听到我们提醒才去上厕所，因此我们卸下叮咛的责任，转交给玛雅去决定。前前后后整个如厕训练过程，等到玛雅总算能准确控制大小便的时机，期间耗费了近两个月。

所谓"适龄"，就是一旦家长或老师认定这是孩子这个年纪应该独立完成的事，举凡穿衣穿鞋、收拾玩具、吃饭喝水等等，大人应该只在初阶的练习阶段从旁指导提点，过了一段时期，不管孩子能不能切实完成该项事务，大人的提醒最好能如背景音乐般渐渐淡出。因为**提醒的过程一拉长就会变成叨念，在无形中会使孩子被迫处于一个被动的位置**，习惯等待着大人的指令才执行下一步，所以其实并不是"你不念孩子就不做"，而是"你太常念所以孩子没有学到怎么主动做"。孩子需要被给予相对的空间，让他有试错的机会，才能养成自动自发的态度。

过多的叨念其实是大人内心对孩子不信任的投射，我们有责任在过程中引导孩子并提供协助，但是大人过多的介入也等同于逼孩子交出自主能力，这时厘清责任归属以退为进有其必要。

不过这并不代表，爸妈提醒过后就等着孩子能够自己主动完成，要让孩子做到主动，除了不要只站在远处碎念，更重要的是观察状况提供可能的协助，特别是幼儿园学龄的孩子，很多时候不是不做，而是不知道可以怎么做起。比如说孩子不收玩具，家长可以坐下来和孩子一起讨论解决方案，想想玩具如何收纳可以更方便快速，来增加孩子的参与感。万一孩子没有做到，也要有随之而来的后果承担，例如让玩具放假一天不能玩。

再来，所谓的"适性"，是指大人在叮咛之前，先自问一下孩子是故意装傻发懒不想做，还是只是他的做事方式跟大人预期的有些出入，所以按捺不住想"微调"一下孩子的行事步骤？玛雅是自我意识很强的孩子，很多时候的反抗只是为了证明自己也能做到，因此老师们在发现如厕提醒失效后，很快地决定换个方法说，让她觉得自己也有些掌控权。的确，有的孩子做事比较慢条斯理，常逼得大人急得跳脚，但我们必须试着理解，孩子也有他们自己做事的方法，只要在可容许的范围内，不妨多给孩子一点缓冲时间，不要过度频繁地出声提醒，不然大人的好意提醒会像已设定好的广告邮件直接被孩子归纳至垃圾邮箱里，不读不回应。

重点2 与孩子一起找出解决之道，让他的心态从被动转为主动

大人一开始放手让孩子去做决定，请记住"孩子会犯错是必然的"，每个人需要的练习时间长短不一，只要孩子有意愿去尝试，大人就应该给予支持。就算可能暂时因此增加了很多苦差事，但孩子从中学到"我自己来"的心态却会让父母在日后省下很多不必要的担忧，每一个事项的独立完成也会连带地影响孩子下次学新事物的投入意愿。

我们察觉玛雅的如厕训练不如预期时，老师们也会共同讨论检讨做法，并对孩子解释，对于新方法她仍然拥有选择"不"的权利。大人若开放地与孩子讨论做法，孩子便会从大人的态度中认知到这件事与他相关，他可以持不同意见，也可以提出新方法，当孩子被相信时，心态才能真正地从被动转为主动。

没有人爱唠叨，也没有人爱被念叨。我想若要评比无效教养方式的Top5，唠叨绝对榜上有名。然而，如此徒劳的方法，却让人很难弃之不用。我想原因就在于大人内心对于不确定感的担忧，关于孩子的健康、安全、交友、学业这些从四面八方袭来的担忧让父母不知从何释放，只好暗自希望自己的提醒能让孩子在未来的路上走得稳一些、少跌一些跤。

提醒不是没有用，也不是不能用，但倘若提醒背后掺杂了太多大人自己都无法处理的情绪，就可能变成恼人且无用的叨念，不仅徒增孩子的压力，也让亲子关系变得紧张。

Q 关心孩子，想了解他在学校的状况，孩子为何总说不知道或不愿意说？

A 亲子沟通，听比说更重要。
想要孩子愿意说，你得先学会专心听。

德国幼儿园并没有所谓的家庭联络簿，但对于亲师沟通双方所应付出的心力仍相当要求。所有孩子当日所发生的大小事，德国老师都会一一亲自向家长说明交代清楚，每周则会统一再寄一封幼儿园的一周大事记，详细说明下周已订的活动安排与注意事项。每三个月会有固定的亲师会谈，会谈时间约为三十分钟到一个小时，而当孩子有状况，也会额外再定时间与家长开会沟通。这一点跟多数中国台湾幼儿园所安排的每月电话家访有点不同，在我看来似乎是软性地要求整日埋首工作的家长们稍停下来，拨挤出时间前来幼儿园的办公室，面对面坐下来不被打扰地好好谈一谈，也算是幼儿园给家长的基本功课。

这样的亲师沟通模式不仅有诚意，也非常必要，因为老师再怎么认真写联络簿记录孩子的一天，也不及面对面交流来得真切详实。有效的亲子沟通也应该如此，除了花时间陪伴，在日常生活中建立起生活大小事分享的聊天习惯，全心倾听并适时给予回应，才能在关键时候疏通孩子的情绪淤泥，让家成为孩子心情起落时的安全堡垒。

幼儿园学龄的孩子在学会说话后，多半一整天都叽叽喳喳地说个不停，放学后见到父母更是一股脑地今日话题大爆发，常常连珠炮似地把刚下班的爸妈震到"半恍惚"状态。其实小孩能对父母毫无顾虑地畅所欲言，代表他对爸妈高度的肯定，而良好的亲子沟通最好从幼儿园时期就打好信任的根基。

采取每日与孩子的问答，让孩子明白爸妈在意他

针对3岁以下的孩子，爸妈要从练就好一套开启问答模式的本事做起。我们幼儿园的家长接送区有幼儿园近日活动的照片墙，有点等同于一般幼儿园公布栏的活动花絮。接送孩子时，与老师聊过一轮，抱起小孩在海报前看照片与自家孩子进行看图说话，几乎是所有德国家长都会做的事，他们不只想从老师口中得知孩子的状况，也希望借由与孩子间的简单问答，让孩子明白爸妈在意发生在他身上的大小事，关心他的感受，对他喜欢的事物感兴趣。

孩子在幼儿园待了一天，
看到爸妈都会有很多话想说，却不见得有能力完整表达，
家长不妨利用幼儿园提供的每日活动照片展示区，
跟年幼的孩子一起开启看图聊天模式。

"赛门！妈妈来接你下课啰！"今天负责应门的德国幼儿教师对教室内喊着。

只要一听到"爸爸妈妈"这两个 magic words，几乎没有例外，每个玩到一半的孩子都会立马收拾好玩具火速奔来。

2岁的赛门一到接送区，立刻指着柜子上的一包小礼物说："贝拉的生日。"

妈妈看了一眼放在置物柜上的小礼物，对他说："你们今天早上有贝拉的庆生会，这是贝拉送你们的小礼物，对吗？"

赛门回"是"，心急地想打开礼物袋。

赛门妈妈把礼物袋拿给赛门，事先提醒："我们可以打开看里面有什么，但是要走出幼儿园才能吃，可以吗？只能先看。"等到孩子点头说好，妈妈才打开袋子："赛门你看这是什么，是培乐多黏土罐耶！还有这是什么呢？"

"葡萄干。"赛门回答。

把礼物袋里的东西看完之后，赛门妈妈把孩子抱起来，指着墙上海报的照片问："你看这是今天早上贝拉庆生会的照片，告诉妈妈你们做了什么。"

"我们吃早餐。"赛门看着其中一张照片说。

"对啊！贝拉妈妈帮大家准备了丰盛的生日早餐，有蔬果棒，吉士条……"妈妈话说到一半，赛门补充说："还有杯子蛋糕。"

"还有杯子蛋糕啊？"妈妈转头看向老师，脸上写着问号。

赛门妈妈会感到纳闷的原因是基于幼儿园里"无糖"的规定，

除非是食物里天然的甜分，不然校方绝对不给孩子糖果、巧克力以及蛋糕类的食物。

米拉解释说："这是贝拉妈妈亲自烤给孩子们的香蕉玛芬蛋糕，完全没加糖，只有香蕉里的自然甜分，孩子都很爱呢！"

妈妈表示明白地点点头，接着微笑着问赛门："香蕉玛芬蛋糕好吃吗？"

赛门不加思索地给了个大大的满足笑容说："好吃！"

赛门妈妈逐一浏览每一张当日动态照片，耐心地听着孩子零星的补充说明，她知道贝拉的生日会上，赛门享用了一顿丰盛的早餐，接着有气球派对，赛门和小朋友手拉手转圈跳舞，然后跟着班上队伍出发到外头去玩。从她到达幼儿园到接小孩离开，常常要花掉半个小时的时间。

孩子在幼儿园待了一天，不管当天的情绪曲线如何，看到爸妈都会有很多话想说，却不见得有能力完整表达，家长不妨利用幼儿园提供的每日活动照片展示区，跟年幼的孩子一起开启看图聊天模式。至于五六岁的大孩子，他们通常不太喜欢在有他人在场的时候谈论自己的感受，爸妈问什么就都简单带过，这时大人可以观察孩子的反应，先离开园所，让孩子自己找到想说的好时机。

了解孩子没有懒人包，身为父母有比签联络簿更重要的事
——孩子的问题言语，背后经常隐藏着从表象不易解读的信息

父母跟老师都需要明白的一点是，**要与孩子的情绪同步，绝对需要一再练习，才会找对方法，准确对频**。举例来说，很多家长会问"今天幼儿园好玩吗？"或是"今天陶土课上得怎么样？"这些问法对幼儿园的孩子来说，有点太大，他们可能会不知从何回答起，爸妈可以练习问得更仔细些，来个简单的重点提问，比如说：

"今天有什么特别令你开心的事吗？跟玛莉玩什么游戏？"

"今天瑜伽课老师教了哪些动作？有没有又把你拱起来像小飞机？还是大家又变成蝴蝶了？"

"午餐吃什么？好不好吃？"

务必记住，不要让说话的语气使沟通的诚意大打折扣，**亲子聊天这件事，应该尽量轻松愉快地进行，是关心的问候不是强势的质问，问候跟质问之间最大的差别就在大人在乎的重点是放在孩子本身，还是孩子所做的事**。

一个常见的例子是，爸妈问孩子在幼儿园的一天过得如何，若得到一个"我不喜欢上幼儿园，上课好无聊！"这个与预期不符的答复，就一下慌了阵脚，有爸妈会说："每个小孩都要上学，你也不例外！"另外可能有些爸妈会说："上课不好玩吗？还是爸爸想办法帮你转班？"不管是忙着说教，还是焦急着给意见，过于激动

的响应其实对正向亲子交流都无益。

当孩子说出"我不想上幼儿园"的话，背后经常藏着我们从表象中不易解读出的信息。也许孩子在学校跟最好的朋友吵了一架，心情低落，又或者他其实是在透露爸妈最近太忙于工作自己被忽略的失落心情。孩子虽然知道爸妈都要上班，自己则要去幼儿园学习，但很多时候当孩子渴求爸妈的陪伴时，往往会脱口说出不想上幼儿园的话。

说出口的理由不外乎：觉得累/身体不舒服、上课很无聊、不喜欢某位老师或同学。这些理由真实与否，必须依赖于你与孩子牢靠的信任关系，你必须让孩子知道，任何事情，即便他犯了错，他都可以诚实地对你说出心里话，才有机会真正解决问题的症结。

孩子遇到问题别急着给意见，专心倾听才能接收到孩子的情绪

孩子："我不想上学。"

爸妈："为什么不想上学？上学不好玩吗？"

孩子："不好玩，我觉得上学很无聊。"

爸妈："怎么会很无聊呢？上学可以学到很多新东西。"

孩子："我就是不喜欢。"

爸妈："你不喜欢也要去上，每个人都要上学，这不是你能选择的。"

举上述对话为例是想探究，我们在与孩子聊天的过程中，说跟听的比例是否维持一定程度的平衡，还是急着对孩子晓之以理。孩子说了不想上幼儿园，而说穿了，"无不无聊"原本就是很主观的判断，甚至有时连孩子亲口说出的理由也并不是真正的原因。所以，爸妈不用急着说服孩子幼儿园不无聊，当下孩子听了也不会买账。

这时候我们需要做的是去**连结到孩子的情绪，提供一个能够诚实对谈的空间与氛围，大人才有机会从孩子的口中获取更多的信息来做观察跟判断**。事实上，很多幼儿园大班的孩子还没学会如何清楚表达自己所面临的难题，所以只会哭着说不想上学。如果爸妈一再否认孩子的感受，如"上学就是当学生的责任！"或"不要跟我装病说不想上学！"，等于是直接切断孩子情绪疏通的出口，就更难找出背后真正的原因。

有时候对孩子而言真正重要的，并不是结果。以上述的例子来说，比起最后有没有去上学，孩子更在乎的是在沟通过程中大人是否真正做到"信任"与"倾听"。**或许，孩子所苦恼的问题之于你，根本不是什么值得伤神的大事，不过爸妈在过程中给予的陪伴与支持，比起长篇大论地说道理给孩子听，会更能使孩子生出勇气去突破逆境**。我们可以换个方式说："上课如果这么无聊真是太糟了，爸妈希望你上学都能快快乐乐的。学校发生了什么不愉快的事吗？""我知道在学校有些孩子会故意恶作剧，如果有这样的事发生，你可以跟爸妈说，我们一起想办法。"

我观察过德国父母和小孩的聊天方式，与亚洲父母最大的不同就在于：比起说，他们给予更多的倾听与尊重。即使是2岁的小孩，家长也会以对待成人的口吻跟他聊天，他们也会跟孩子分享自己一天有趣的事，聊天时多半只问孩子想法，除非情况需要，否则不太提供建议。**试图将自己的意见减到最小，尽量把话语权留给孩子的原因是，希望孩子透过说的过程，将沮丧、不安、愤怒的情绪尽量发泄出来，孩子一边说，也许就能一边自己思考而找出问题的解决方式。**

他们相信，生活会以各种方式让孩子学到重要的一课，所以适度容忍孩子的试错过程是有必要的。亲子沟通对大人来说最困难的一环，往往是在聊天时太快给建议，而完全没有进入倾听者的角色，孩子久了会觉得反正说到最后都只剩大人的声音，聊天兴致自然低落。听孩子的言语，同时也接收到孩子的情绪，亲子沟通不只要说，更不要轻视"听"的重要性。

PART 2
第二部分

学表达

引导孩子说出自己的情绪和需求

孩子不是故意闹情绪,
是他想说却不会说。

你不要哭!有事说出来!
这样爸妈才知道你的
需要是什么。

进入本部分之前

在幼儿园里，每当孩子哭闹不停，德国老师最常说的一句是"你有需要，请说出来让我们知道。"或者两个孩子起了争执几乎要大打出手，我也会用英文跟他们说"Use your words please!"虽然以前在中国台湾幼儿园教书时，老师们也都很有耐心地跟当下情绪不甚好的孩子说："请用说的，你用哭的我没办法知道怎么帮你。"但仔细想想，孩子在生活上所得到的说话练习，其实远远不足以应付这个年龄突然高涨的各种情绪。

孩子懂得使用语言表达自己内心的感受，使他人理解需求并提供协助，是我们在德国幼儿园里的重点学习目标。不管在生理或情绪需求上，2岁以上已有基础语汇的孩子都必须要学会主动表达。在德国幼儿园，想喝水、想换衣服或是想上厕所，很少是制式化的全班整队行动，孩子想喝水会自己要水或倒水喝，天气变化时会主动穿脱衣服，何时想上厕所当然也是自己最清楚。**倘若遇到害怕或讨厌的事物，孩子清楚知道自己有权利开口拒绝**，几乎每个德国孩子都对我说过："这个我不喜欢。""我不想参加，我想要……"只要不干扰其他人的作息，或破坏早已定好的团队计划，我的响应通常是："不喜欢你可以不要，不过你要不要试一次看看呢？"

要孩子学会开口说并不难，只要大人有"认真听"的开放态度，就能激发孩子"主动说"的意愿。**很多时候孩子不是不说,而是成长过程中并没有被引导如何表达需求,哭泣甚至被认为是不乖的行为表现。当孩子的情绪没有被完整接纳,自然很难好好地开口表达,甚至选择不说话来表示。**

每个情绪都有其存在意义,我们不去积压,也不强硬地与其冲撞。落实孩子的情绪教育,从打开我们的心扉开始做起。

2～6岁孩子情绪/社交发展特征

孩子年龄	2～3岁 自我意识萌芽阶段
情绪/社交发展特征	■ 除了有快乐、生气及难过等情绪，孩子也慢慢产生害羞、嫉妒、害怕等较复杂的感受，对日常作息的改变敏感，情绪起伏快且强度高。 ■ 开始能够体会周围人的情绪状态并做出反应，例如：有别的孩子在哭，他可能会用手轻拍哭泣的孩子来试图安抚。 ■ 自我独立意识萌芽，常挂在嘴边的两句是"这是我的"和"我自己做！"会开始模仿大人的举动，而这时候孩子跟父母的分离焦虑也会逐渐减弱。
给家长和老师的提醒	■ 这年纪的孩子拥有很多新的情绪体验，但是语言能力仍不足以完整表达内心感受，所以常会有哭闹、发脾气，甚至打人等状况发生。 ■ 孩子有负面情绪反应时，与其对他说"不要怕"，更好的方式是简单地对孩子做解释："这是除草机的声音，有点吵对不对，没关系，我们用手捂着耳朵就不那么吵了。"抑或帮助孩子把他的情绪说出来，例如："你看起来很难过。""你现在很生气对吗？请告诉我要怎么帮你！" ■ 有一点很重要，当下孩子是否立刻停止哭泣并不重要，重要的是让他知道，我们了解并接纳他的情绪，而且会陪在他身边。

2～6岁孩子情绪/社交发展特征

3～4岁
道德意识发展&投入群体阶段

- 孩子已发展道德意识，能够清楚明白基本常规，但却不一定每次都能够切实遵守，例如排队或轮流玩玩具等，因此犯错时也会有羞愧的情绪反应。此一阶段，他们对真实和幻想世界的界线仍很模糊。
- 这时期孩子也开始跳脱单人玩乐模式，喜欢成群结伴的游戏，也可能会开始结交一两个比较要好的朋友。

5～6岁
自我认同发展阶段

- 能够根据不同情况，预期大人的情绪反应，他们已知道何种行为会被赞扬或责备，因此会主动以良好表现来获取大人的认同。
- 具有幽默感，并开始发展自我认同感，做事情会开始有自己的标准，完成时会感到骄傲。
- 对真实和幻想世界的分别渐趋清楚。

- 协助孩子练习用语言表达情绪，而不是用肢体动作。因为自制能力是这一时期的情绪发展重点，所以家长或老师必须建立明确的教养原则，温和但确实地去执行。此时孩子必须能够透过语言去表达想法和感受。例如：3岁大的孩子被1岁半的幼儿用玩具打头，会知道他不该还手，同时也懂得告知大人寻求帮助。

- 观察孩子的个性和情绪模式，尽可能跟孩子一起讨论针对负面情绪的对应方法。有的孩子需要一个拥抱并谈一谈，也有的孩子需要一人安静自处才能舒缓情绪。
- 可借由亲子共同讨论不同事情的观点，让孩子知道你对他的想法感兴趣。
- 鼓励孩子尝试新挑战，并容许犯错，孩子会因为自我被接纳而强化自尊心。

※本书第2部分"学表达"及第3部分"学沟通"均可参考本表格，有助爸妈掌握孩子的发展进程与特性，适时适性培养孩子的自我表达能力。

2岁

第七章

想说却不会说,孩子情绪大爆发
从认识不同情绪开始,教孩子学会正确表达情绪

> 在3岁以下的情绪发展时期,生气、挫折、嫉妒等对孩子都是新的情绪体验,孩子不是不听话,而是这些情绪对他来说不仅陌生且强度也高,在尚未学习如何控制情绪的状况下,哭闹反应是可以理解的。

一阵又一阵刺耳的尖叫和哭闹声,接下来躺在地上乱打滚……家中孩子一闹起情绪来,往往不管时间地点,就像拦不住的失控猛兽,狠狠地直冲爸妈理性和优雅的最后防线,毫不客气。

在幼儿园工作多年,我发现幼儿情绪控制和言语表达之间其实有着微妙的关系。有不少被认为乱发脾气或是爱哭闹的孩子,其实是一开始就没被引导如何适当表达情绪,特别是正在学说话的幼龄孩子,他们的理解能力已经远超过语言能力,千头万绪在脑子里想说却说不出口,索性选择最简单直接的表达方式——哭给你看,哭到你懂!换句话说,当孩子能透过言语表达找到与外界的连结,知道自己的情绪被理解,往往能有更好的情绪管控能力。

曾看过一个很有趣的研究实验报道,旨在探讨情绪感受和口语

表达之间的关系。举例来说，人受伤感觉疼痛时不自觉地脱口而出英文的"OUCH（哎哟）"或是德文中的"AUA（哎哟）"，研究者将五十多个受试者分成五组，要求他们把双手放在极难忍受的冰冻水中，第一组的受试者被允许可以说话表示痛苦，第二组只能按按钮来表示，第三组则只能听自己先前说话的录音播放，到了第四组则是听别人代为说话的录音播放，最后第五组，被限制不能以声音或手势动作来表示痛苦。

实验结果证实，被允许表达痛楚的第一组，能在冰水实验中撑最长的时间。也就是说，**适切的言语表达在某种程度上能够纾解缓和我们所承受的一些高压情绪。**

幼儿园日常作息中最常需要处理的3大负面情绪

我们固然可以试图压抑内心的感受，但积攒的负能量超过了承载点还是会以某种形式外显出来，所以一味刻意忽略或直接反映情绪都无法提高我们的情绪驾驭能力，反而可能会养成惯性思考而做出情绪化的判断或决定。因此，**情绪管理不仅对大人是一门终身学习的课题，对小孩来说，能及早理解自己的不同情绪并懂得透过表达来消化这些负面的能量，非常重要。**

在幼儿园的日常作息中，有以下几个最常需要处理的负面情绪：

负面情绪1 挫折

幼儿园的孩子学习任务多，学走路、用餐具、学穿衣穿鞋、整理学习用品等等，每天都有新挑战要面对。3岁以下的情绪发展时期，像生气、挫折、嫉妒、害羞、兴奋，对孩子来说都是新的情绪体验，很多时候孩子不是不听话，而是这些情绪感受对他来说不仅陌生且强度也高，却尚未学习如何控制这些情绪，一哭二闹三打滚是可以理解的。

有一天全班出发到附近的公园玩，玩了好一会儿已经接近午餐时间，老师们整顿好队伍准备回去幼儿园用餐，这时突然传出一阵哭闹声，定睛一看，原来是2岁的艾力克斯还想留下来玩，不想跟着大家回幼儿园，实习老师试着要抱他走，他气得躺在地上乱踢。

"不要！我不想（回去）！"艾力克斯大声向我们表达他的不满。

我蹲下身来："艾力克斯，**你很沮丧因为你还想玩，对吗？**"

艾力克斯一听到我说出他的想法，稍稍冷静了一下，不过仍赖在地上不想起来。

"你很沮丧，因为你很想玩。"我看了看他手上还握着刚刚捡到的树枝，便说，"**你是不是刚刚发现了一根大树枝，所以很想留下来玩？**"

艾力克斯这时总算没哭了，回答说："对。"

"我知道你不想离开，但是现在大家都肚子饿了想回去吃午餐，**不如这样好了，我们找个地方先把树枝藏起来好吗？明天你来公园**

的时候就可以再玩了！"我建议。

他还在考虑，我顺势把他从地上拉起来："快点！我们来找找看哪里可以藏你的树枝宝剑。"

艾力克斯听到我这么一说，似乎也觉得这个提议可接受，我们把树枝藏好后，他便乖乖地跟着队伍离开了。

这种预告式的转移方法对3岁以下的小孩特别适用，因为这一阶段说理的效果很有限，就算孩子听得懂原因，情绪上也难以接受，我们可以借由描述下一轮精彩有趣的"节目预告"让孩子买账离场。请注意千万不要编造谎言来哄骗孩子，也无须刻意奖赏，例如："你听话，我等会儿带你去吃冰淇淋。"只要在可容许的原定计划范围内，洒点惊喜就可以，例如："等一下坐在爸爸肩膀散步回家"或"我们一起想想晚餐可以吃什么！"让孩子觉得虽然离开很可惜，但也有值得期待的好事。

负面情绪2 疼痛

德国幼儿园是一个开放的学习区域，自由玩乐的时间很多，在每个房间进行的活动虽然都会有老师在场，不过意外发生的时候，常快得让人来不及反应，幼儿园的孩子又特别爱跑爱爬，跌跌撞撞自然是免不了的。

一些相关科学实验已证明，大脑会传递疼痛部位与强度的信息，但积极且冷静的正面情绪能有效减轻痛楚的感受。

当然，我们必须依据孩子意外的严重程度来处理，有些疼痛自然不是呼一呼哄一哄就能神奇地消失，这里想讨论的，是指孩子的小摔小跌，父母老师是否能有更合适的应对方式来帮助孩子培养情绪转移的能力。

在幼儿园里，当孩子不小心摔了一跤，我们最常说的就是"Oopsy daisy!"有点类似汉语的"哎呦喂呀"，来形容一个不严重的小意外。我发现不少幼儿在摔倒时，常常会先抬起头看我们的反应，如果我们表现得很担心，孩子就会想当然觉得这一跤摔得更疼了，所以如果只是小摔小跌，我们都只会给"Oopsy daisy!"这个反应，让孩子知道你注意到他摔跤了，不过情况并没有太严重，他可以自己爬起来。

还有另一个德国幼儿教师常使用的方法，就是帮孩子把痛痛吹走的小把戏，我觉得这也同样是帮助孩子转移注意力的一个好方法。

2岁的玛雅从椅子上跌了下来，虽然没有明显外伤，但是肯定不知撞到哪里摔疼了，抱着我们大哭起来。

"噢！玛雅，你从椅子上跌下来是不是？"德国老师尤拉问。

"好痛！这里很痛！"玛雅指着自己的手臂，哭个不停。

尤拉仔细确认手臂没有严重的撞伤后，接着问："需不需要我给你一个冰袋呢？"

"好。"

冰袋拿来后，玛雅却不想一直敷着，于是接着哭。

"那么玛雅，你手臂这里痛是不是？"尤拉轻柔地说，"那我们一起把痛痛吹走好不好？"

只见尤拉装模作样地在玛雅的手上轻揉着，一把抓起什么似地握紧拳头，对着玛雅说："痛痛都在里面了，我们一起把它吹走，说'痛痛再见'（Aua Tschüss）。"尤拉摊开手掌，和玛雅一起吹走无形的"痛痛"，说也奇妙，玛雅的心情似乎比较平复了，因为她一起参与了这场疼痛的送别会。

负面情绪 3 愤怒

玛丽，4岁，一人蹲坐在沙坑里挖挖舀舀玩得起劲，全然不知身后原本"理应"归属于她的黄色小水桶正被3岁的理查德拿走，过没多久转身发现小水桶不翼而飞，而不远处的理查德手拎着它时，立刻发脾气追向理查德大喊："那是我的！我的！"

理查德看到后有追兵便加快脚步跑，只是个子小的他脚程还是没有玛丽快，没几秒就被追上，手却仍紧紧抓着水桶不肯放。

"那是我的水桶！"玛丽一边扯着水桶一边喊话。

"不是！是我的！"理查德不甘示弱地回了一句。

就在这一来一往中，手里还拿着铲子的玛丽突然狠狠地往理查德头上敲下去，这一击打得又准又响，理查德摸着自己的前额大哭起来，德国老师凯莎立刻跑过去看理查德有没有被打伤："理查德，你是哪里痛呢？"

理查德摸着头哭喊："Aua（德文：痛）这里很痛……"凯莎轻抚着他的头说："我帮你揉一揉好吗？"

这时玛丽趁势捡起了水桶，正要跑开时，被凯莎叫住。

"玛丽，请你过来我这里。"凯莎说。

玛丽看了凯莎一眼，明白她刚刚的举动都被看见了，低着头走过来，说了句："但这是我的水桶。"

"对，这是你先拿的，所以理查德拿你的水桶你很生气，对吗？"

玛丽点点头说："对。"

"你可以生气，但是打人是不对的。"德国老师凯莎对玛丽说。

玛丽没回答，一心只想拎着小水桶赶快再回去沙坑玩。

"玛丽，我知道你生气，你可以把玩具拿回来，或是跟我们说，但你不该打人，所以水桶暂时放在我这里，你坐在旁边先冷静一下。"

这时一旁的理查德虽然还抽抽噎噎哭着，但情绪已经趋近缓和，凯莎对他说："玛丽很生气因为你拿了她的水桶，下次你先问问她'水桶可以借我一下吗？'，她应该就不会那么生气了。"

在德国幼儿园里，孩子会渐渐学到的一件事，就是他们有权利感到生气，但是必须找到正确的方法表达，或是适时寻求大人的协助。除非先被攻击，不然我们对所有的暴力行为绝对是"零容忍"，就算理查德先抢了玛丽的玩具，我们也不会马上把玩具交给她。当然，孩子也许没有办法一次便马上理解行为带来的后果，但几次过后，他会知道暴力行为是绝对不可涉足的禁区，因为就算打人把玩具抢到了，之后也得乖乖缴回，于是就会试图找出如何不打人也能把玩具要回来的办法。

当孩子玩具被拿走，横竖都要不回来时，我们通常会请被抢走的一方（玛丽）跟把玩具拿走的小孩（理查德）进行交涉，与其说"这玩具是我先拿到的，请还给我！"，倒不如换个方法问"等你玩完之后，可以换我玩一下吗？"

鼓励分享，但不强迫分享，我发现这样温和的问法，会让孩子双方都觉得自己没有吃亏，只是需要几分忍耐，再加上几分等待，大家就都有的玩。坦白说，借由说理让幼儿园学龄的孩子明白"不分享就没的玩"，孩子在情绪高涨的当下很容易听不进去，唯有让孩子最快体认到，这样表达比打人还容易把玩具拿回来，不仅省去说教的时间，孩子也能在过程中真正学到"分享"的概念。事实证明，多数的孩子在这样的情况下都会答应使用完毕后归还原使用者，当他们想再要回玩具时也可以用同样的方法询问，这比冒着被处罚的风险去打人抢玩具更有效。

鼓励孩子表达不同情绪，比一味防堵更能锻炼孩子的情绪控制力

——懂得用言语表达意愿，是孩子学会自我保护的第一步

尽管面对孩子不同的负面情绪，德国幼儿教师处理的方法也会跟着改变，但是总结来说，我们应该抱持正确的态度：**不管是正面或负面情绪，情绪本身没有好坏之分**，恐惧让我们能回避可能的危险，疼痛让我们明白身体发出的警讯，愤怒让我们懂得为自己挺身而出，每一种情绪都是根据当时情况所产生的心理反应，比起忽略或隐藏这些情绪，更重要的是面对并找对方法释放它。

让孩子认识自己情绪的第一步就是，引导孩子把情绪说出来，

让孩子觉得情绪被接收到了，也能借此明白经历不同情绪所可能带来的各种反应。

"爸爸要去上班不能陪你，你很难过对吗？"

"我很生气，因为他抢走了我的玩具。"

只要孩子已有能力说三个词汇以上的句子，我们就可以开始教导孩子用言语去表达情绪，而不是只用尖叫甚至肢体来抗议。**在幼儿园里，孩子懂得勇敢说不，能为自己的想法和意愿发声，被德国老师视为必备的生活技能之一。**就如同对2岁的幼儿来说，说"不要！"是一个必然的成长进程，因此当高压的情绪被激起时，德国孩子常说的是以下两句：

"我完全不想这样玩。"

"我已经说过我不要了。"

孩子们都知道，这些句子说出口就等于帮自己贴上保护膜，能有效拒绝来自同侪的强硬要求。当争执发生时，已满2岁及以上的孩子若什么都不说不做，只是哭和喊叫，老师们通常不会在第一时间代为处理，除非孩子已经清楚地用言语表达意愿，另一方却仍无视的状况下，老师才会亲上火线调解争执。因为他们认为，如果连自己都不能说清楚，又怎么指望别人都能猜对我们的想法？因此，懂得用言语表达意愿是孩子学会自我保护的第一步。

延迟满足，自制力训练，有助于培养孩子情绪管控/转移的能力

光是让孩子说出情绪感受还不够，练习如何控制或转移情绪才是关键。所谓的情绪管控能力，就是不随情绪或感受起舞，避免被情绪操控而做出错误的决定或行为。**孩子2～3岁时，除了教孩子辨识情绪，我们也可以从锻炼孩子的自制能力开始，譬如延迟满足就是一个很重要的练习，让孩子学习等待，有足够的自制能力，则比较不会跟着情绪起舞。**

每次的说故事时间，我会请想听故事的小朋友在幼儿园里的沙发区坐着等我，等待时不能玩玩具，我之所以不先把教具或书本整理好再询问他们意愿，就是希望孩子们能够练习等待。当然2～3岁的孩子还是不能久等，十分钟就够煎熬了。尽管如此，我们不应预设立场，认为"孩子还小不能等"，根据年龄给予适当长度的等待时间，是很好的自制力练习。在等待期间，如果他们离开跑去玩玩具就代表他们不想听故事了，那位置就得让出来给别的小朋友。

3岁以上的孩子，我们可以建议孩子从一数到十，让当下强烈的情绪有缓冲的空间，再进一步思考如何反应，或者跟他们一起讨论不同情绪的应对模式，来让他们练习做出对的反应。关于这部分内容，在后面的章节会详细讨论到。

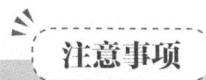

2岁开始，开启孩子情绪教育的暖身练习

　　幼儿园的孩子通常要等到五六岁以上，才能比较完整表达内心的情绪感受，但我们可以从孩子2岁开始进行情绪教育的暖身练习。教孩子认识情绪，理解它所可能带来的不同反应，再一步步练习如何在它失控之前用方法疏通或是转移。"情绪转弯"就像是孩子无形的超能力，能在每个关键时刻，即刻上场救援。

3~4岁

第八章

不管大事小事,孩子老是爱告状

别再重演"狼来了",让孩子学会不乱发布情绪警报

> 老师或父母在处理孩子的告状问题时,第一原则就是"不轻易介入调停",在不清楚事情全貌时去论断谁对谁错很容易有失公允。其次,我们要让孩子知道"告状"必须有其急迫性。

去年夏天,我回去度假一个月,某天晚上突然接到一个好友的电话,她知道这阵子我人在中国台湾,因为家中有急事问我方不方便隔天帮她代一天课。她向来工作认真负责,绝对是火烧眉毛才会请我上阵,刚好这家位于天母的国际幼儿园里有几位以前一起共事好几年的同事,一直也都有保持联络,心想着就当作去会会老朋友,便一口答应了。

九点开始晨间操,九点半吃早餐,接下来上英文课,做习作本(Activity Book),下午吃完点心收睡袋,一眨眼日文老师已经到了,孩子们又准备上每周一次的日文课。这些活动曾经是我再熟悉不过的幼儿园日常,隔了五年后再回到中国台湾的双语幼儿园,觉得又亲切又有点陌生……

其中令我感受最明显的差异是,这里的小朋友怎么一直在告状?

"老师，艾丽丝笑我。"

"老师，苏菲亚踩到我的脚。"

"老师，彼得摸我的脸。"

"老师，艾瑞克没有去洗手。"

一整天下来，根据我的粗糙估算，起码每十五分钟就会有一通举报。幼儿园的教师很有耐心地听取孩子们轮番上阵报告谁谁谁又怎样了之后，便立马居中调停并告诫另一方不可以再犯，而这戏码频率之高是我在德国幼儿园工作了三年多未曾经历的。

处理孩子告状问题的第一原则：不轻易介入调停
——轻易代孩子解决问题，容易养成大小事都要告状的习惯

虽说幼儿园的孩子对于"规矩"和"公平"特别在意，偶尔也会以告状来引起注意，但对我来说，重点不在于告不告状，而是**孩子是否学到如何练习做判断，并在状况允许下，学习自行处理问题。**

"她踩到你的脚很痛是不是？我想苏菲亚不会是故意的，这个时候你可以跟她说你踩到我的脚了，请说声对不起。"

"如果不喜欢艾丽丝笑你，请你自己告诉她，你不喜欢她这样做。"

只要不是重大违规（如破坏学校公物）或涉及安全问题（肢体攻击），德国幼教老师基本上不太受理孩子们的种种告状行为，就

算听了举报也多半只是问问孩子能怎么做，或者提出建议。**德国幼儿教师很清楚，轻易地代孩子发声去解决问题，常常在无意间造成孩子大事小事都要告状的超敏感社交性格。**因为告状的孩子一旦清楚了请老师出面处理是最省时省力的方式，往往容易增强这种行为动机，有老师亲上火线当仲裁者，就代表自己是正确的一方，于是大事小事都要管，一发现他人的小错误就立马举报，甚至乐此不疲。

老师或父母在处理孩子的告状问题时，第一原则就是"不轻易介入调停"，在不清楚事情全貌的时候去论断谁对谁错，很容易有失公允。其次我个人认为很重要的一点是，我们要让孩子知道"告状"必须有其急迫性，就如同我们不会动不动就打110请警察出面处理一样，四五岁的孩子也必须学习基本的判断能力，依当时的状况做处理，知道有紧急事件应该火速通知老师。而与同学间发生小口角或看见别人犯错时，在向老师告状前，也最好能够自己想想看有哪些解决方法。

小问题别用大情绪响应，用红绿灯概念教孩子学会情绪调节能力

有一次的月主题是"情绪"，我们与大班的孩子在课堂上讨论不同情绪，鼓励他们聊聊生活中有哪些事情会容易使他们生气、沮丧或悲伤，同时也趁这个机会了解班上每个人的情绪地雷。

"如果有人故意打我会让我很生气。"

"我不喜欢被取绰号。"

"上次我不想玩搭火车游戏的时候,有人硬把手放在我肩膀,我觉得很不舒服很生气。"

孩子陆陆续续举手发言后,我们向孩子介绍了**"情绪红绿灯"**的概念,告诉孩子们情绪本身没有对错,没有人可以告诉你应该如何感受,但是应对的方式可大可小,我们可以决定如何响应这些负面情绪。当问题发生时,练习先思考一下问题大小,能不能自己先试着解决,而不是不管大事小事,都得向老师报告。

红灯:紧急事件,感到非常生气,需要大人的实时协助。

黄灯:觉得沮丧或生气,可以找机会询问朋友或大人的建议。

绿灯:小问题,可以有能力立刻自行解决。

课堂上也列出了几个模拟情形,例如摔倒时有人大声嘲笑、玩游戏时故意推撞、排队时插队、不小心打翻水壶等,请孩子想一想,如果上述不同的状况发生在他们身上,他们会分别选择情绪红绿灯的哪种反应。

"比方说,你穿了一件新的毛衣来幼儿园,但是有人当着你的面说'你穿的这件毛衣很丑',你会如何反应?"德国幼儿教师凯莉这样问。

"我会生气。"坐在前排的班杰明几乎是不加思索地马上回答。

情绪红绿灯，帮孩子判断问题严重程度

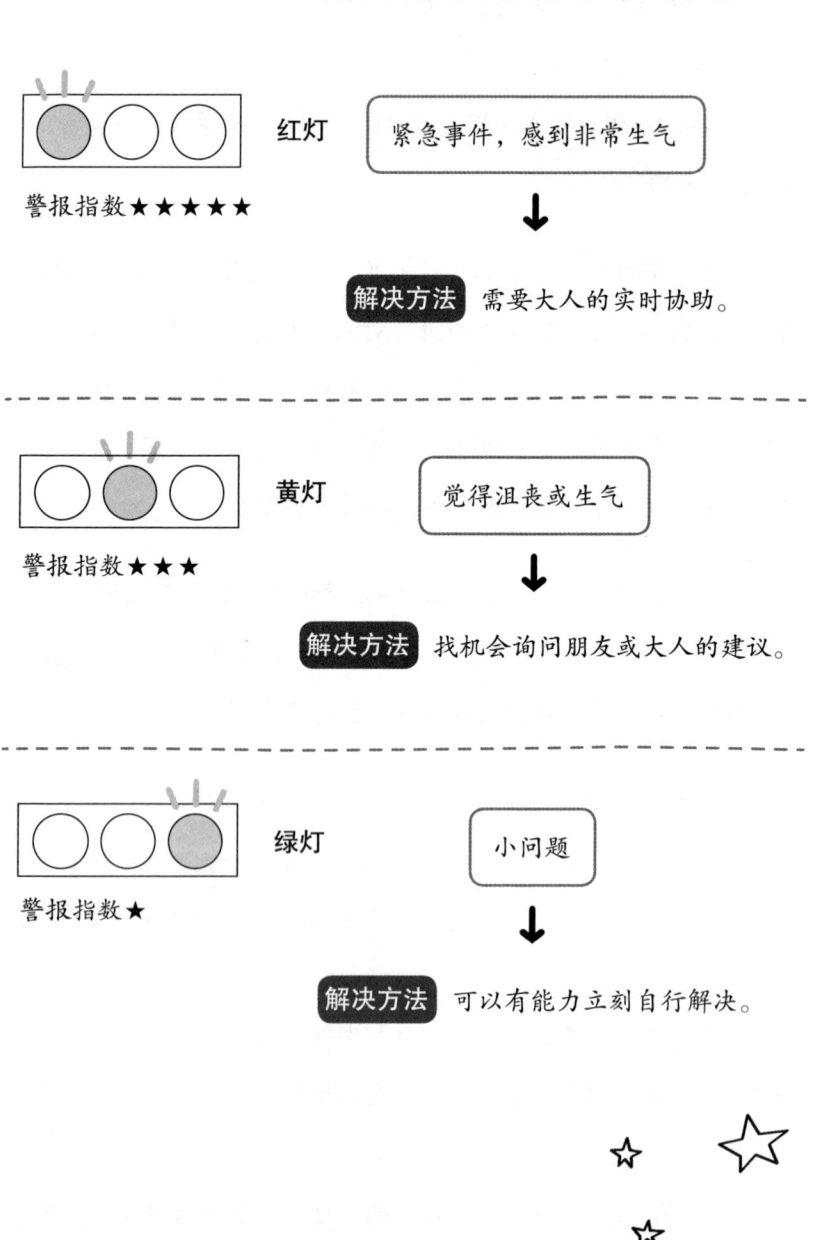

老师凯莉听了反问全班孩子:"你们都会生气吗?会生气的请举手。"

班上大概有三分之一的孩子举起了手,不过这时也有人回答:"我应该是觉得很难过,不是生气。"

凯莉点点头,继续说:"所以当有人这样说的时候,我们有可能会有生气或难过的情绪。但不管是生气还是难过,情绪红绿灯的三种应对方式,这时的状况下你们会选择哪一个?有生气到要立刻报告老师吗?还是要告诉朋友请他们帮忙?有没有认为自己可以解决的小朋友?"

班上大部分的孩子都举起了手,凯莉随机问了坐在左边的里欧娜:"你的情绪红绿灯是什么颜色?"

"嗯……应该是黄色。"突然被问到的里欧娜想了想说,"我会说'你又不是我朋友',然后去找其他朋友玩,不跟他当朋友就好了。"

"你觉得不开心时会去找朋友玩?"凯莉问。

里欧娜回答:"对,跟朋友玩会让我开心起来。"

"保罗,你选择的是绿灯吗?你会怎么说呢?"凯莉又选了一个孩子回答。

"我会说我就是特别喜欢这件毛衣,然后立刻走掉。"保罗一派轻松地耸耸肩说。

凯莉笑着说:"这个回答不错。"这时她停了一下,说:**"有些问题我们不需要花很大的力气去回应,因为这只会带来更多的坏情绪。我们可以跟朋友聊聊,或是不理会掉头走开,也可以像保罗那**

样说出自己的感受。"凯莉停了一下说,"如果我们每件大事小事都闪红灯来响应,都觉得非常讨厌或非常生气,那小问题就会变成大问题。有没有人可以举例?"

"就是……比如说有人嘲笑我的毛衣很丑,我就很生气地骂回去。"班杰明说。

凯莉:"很好,这时候的情绪便是红灯了,对吗?"

班杰明说:"有可能会变红灯。"

凯莉:"那跟刚才比起来,绿灯变成红灯,有什么差别?"

班杰明想了想,说了一句让我们惊艳的回答:**"就是一样的问题,但是变得更生气,要花更多的时间解决。"**

听到班杰明的回答,凯莉也点头表示赞同,说:"没错!正是这样,所以练习控制情绪反应很重要,不是不能生气,但是生气前最好想一想,这是大问题还是小问题,我需不需要这么生气?因为小问题我们用大情绪来响应,反而容易制造出更多的问题。不过,**当你真的感觉到非常生气,也就是情绪亮红灯的时候,最好的方式可能是暂时离开现场去缓和情绪**,这时候可以到沙发区喘口气,或是跑来跟我们聊聊。沮丧和生气是很难受的感觉,我们可以做一些事来甩掉这些坏情绪,像刚刚里欧娜就说她不开心的时候,跟朋友一起玩会让她觉得好过些,除了跟朋友玩,还有别的好方法吗?"

不少孩子非常踊跃地分享了自己的点子,多数的孩子会去找朋友玩或诉苦,或是一起踢足球,有人选择画画,甚至也有人说吃冰淇淋可以排解自己的坏情绪。

经过讨论，引导孩子分清"看法"和"事实"，不被他人看法影响情绪

——明白每个人有各种观点，孩子会更有效地管控自己的情绪

"那我再问一个问题，你们觉得为什么有人这样对你说？"凯莉眼珠一转，对班上的小孩提问。

"他可能很讨厌我。"

"他心情不好。"

"他刚好不喜欢毛衣的颜色。"

凯莉听了几个孩子的回答后，说："对，以上答案都有可能，而这些可能都是我们自己的看法。如果你觉得他是讨厌你才说这句话，你可能会有非常大的反应，如果你觉得他只是心情不好，或许你会觉得不要理他就好了。也就是说，想法会决定我们如何感受，而感受会决定我们的行为，所以有问题发生的时候，可以想一想有哪些不同答案。"

"最后，我们来认识一下，什么是事实和看法？"凯莉突然转身从柜子里拿出拼图盒，问这些大班的孩子，"这是什么东西？"

孩子们不加思索地回答："这是拼图。"

"那拼图好玩吗？"凯莉接着问，"觉得拼图好玩的举手！"

这时有两三个孩子举起了手，凯莉点了一下人数，随即又问："那

没举手的小朋友是觉得拼图不好玩啰?"

"还好。"

"拼了几次就觉得有点无聊。"

"我觉得不好玩。"

凯莉在得到了以上几个回答后,竟又问了一次:"这是什么东西?"

几个大孩子面面相觑,觉得一头雾水却又笑着回答问题:"是拼图。"

"所以大家都同意这是拼图,但是有人觉得它好玩,有人认为很无聊。这句话里,什么是事实,什么是看法?"

几个孩子顿了一下,没有马上回答,凯莉于是进一步解释给孩子听:"简单地说,事实就是大家同意且无法否认的事,大家都同意这是拼图,这是一个事实。但是看法就跟自己的感受有关,比方说拼图好不好玩就是一个例子。"

"那我再问一次,'你穿的这件毛衣很丑'这句话,是事实还是看法?"凯莉问。

"是看法。"这回有几个孩子回答了。

"对,这是他的看法,不代表就是事实,所以有时候我们不用那么在意别人的看法。"

德国幼儿教师相当注重孩子对事情的解释能力,不只月主题会有针对大班孩子的团体讨论,平日也会借由不同生活情境发生的问题,鼓励孩子表达看法。没有标准答案的讨论方式,让孩子学会不要太快下结论，同时也借此明白每个人有各种观点，彼此抱持的观点不同也不见得就是站在对立面的敌人。

德国幼儿教师深信，"想法决定情绪，情绪能主宰行为"，所以孩子若能有机会加强对事件的解读能力，学会辨认事实与看法的差别，试着从不同角度重新建构新的观点，会使他们更有效地管控自己的情绪。

第九章

甩掉负面情绪，打造专属的情绪魔法棒

可以愤怒可以悲伤，自我调适解放受困情绪

> 幼龄孩子在经历强度高的负面情绪时，因为语言表达能力受限，就容易反映在行为上，此时可能有情绪不稳或社交畏怯的退化行为，这是孩子面对压力的一种表现方式。

放了三个礼拜的年假，大老远从冷飕飕的德国飞去泰国苏美岛度假放空，能量满满地回到工作岗位上，幼儿园里好多时日没见的孩子们，一个个跑出来笑着欢迎我，每一个的笑容都比泰国的艳阳来得耀眼。

突然感觉背后有人在拍我，我转身一看，是5岁的荷莲娜，她看着我，给了个浅浅的微笑，接着抱我。那一整天，她几乎到哪都牵着我的手。孩子从1岁半入园就是我负责照顾，相较后期新进来的老师，我们相处的时间自然比较久，她也特别喜欢来找我玩。不过像这样几乎一整天牵着手，坐在我大腿上讨抱的现象，在我印象所及，只在入园初期才有过。

认识荷莲娜的人会这样形容她：活泼好动，正向积极，十足的意见领袖，常常出主意带着其他同龄孩子玩，却又有颗如棉花般柔软的天使心，会主动亲近新入园的孩子。她非常喜欢小动物，因为太爱跑动物园看动物，爸妈为她办了动物园的年票，让她想看就能去看。不仅如此，她的情绪感受能力也相当强，常常看到别的小孩哭也会跟着掉泪，"亦刚亦柔"在她身上，是很贴切的形容。

孩子的异常情绪起伏，往往隐藏着难以表达的情绪

过没几天，我开始注意到荷莲娜的情绪曲线实在起伏得太不寻常，不只变得格外黏人，也常常会为了小事就哭。有一天早上，晨间音乐律动时间（Morning Circle）刚结束，孩子们手搭肩排成一列小火车要回教室用早餐，荷莲娜却躲在我身后，拒绝加入火车队伍里，她说："我不想排小火车。"

德国幼儿教师尤拉喊了声："荷莲娜，赶快来搭小火车回教室啰！今天是埃米莉的生日，有杯子蛋糕喔！"

荷莲娜抓着我的手，脸埋在我身后，又说了一句："我就是不想！"

就算心里明白荷莲娜希望我能帮她说话，跟尤拉说不搭火车也OK，但我还是蹲了下来，认真但温和地告诉她："如果你不想跟着玩游戏没关系，不过我觉得你应该跟大家回去教室吃早餐，吃完早餐我们还是可以一起玩。"

她眼里顿时看起来好悲伤，但也勉为其难地加入了队伍跟着大家回教室。等队伍离开后，我问了问尤拉："你有没有觉得荷莲娜这两天有点不太对劲？"

PART 2

尤拉转过头来说："对了！你去度假不知道她家发生的事，她过去这一个礼拜都是这个样子，这两天已经算好的了。"

我回说："我前两天刚回来时，荷莲娜有跟我说外婆腿摔断了，但我不知道这对她有这么严重？"

尤拉说："没错，一开始是跟她很亲的外婆跌断了腿，妈妈得照顾行动不便的外婆，而爸爸因为赶着要上班，只好每天一早七点就把她送到幼儿园，下午六点才接走。然后过了一个礼拜，她最爱的狗狗鲁迪发生车祸走了。"

我一听接着说："天啊！这也太让人难以接受了！"

尤拉点点头，继续说："是啊，先是外婆受伤，爸妈分身乏术没空多陪她，然后宠爱的狗狗发生意外走了，一连串的冲击，让一向活力十足的她陷入悲伤与不解，不过最近已经好一些了。"

"真是坏事接二连三地来，可怜的荷莲娜……"我心疼地说。

"你回来正好，荷莲娜个性倔强又敏感，或许你可以找机会跟她聊聊。"尤拉说。

我点点头，心里着实不舍荷莲娜，家里发生这么多事，跟她感情如胶似漆的鲁迪又走了，难怪她最近这么爱哭，对什么事都提不起劲。

我突然想起，之前有时我们带班上孩子去外面游玩，要是突然下了滂沱大雨，孩子们在树下躲雨时，荷莲娜都会主动领唱起《亲爱的太阳》这首德国童谣，当时的她还不到3岁。

Liebe, liebe Sonne,　亲爱的太阳

Scheine doch recht hell.　如此明亮闪耀

Jage fort die Wolken,　把乌云赶走

Komm hervor ganz schnell!　让阳光快快洒下来

Liebe, liebe Sonne,　亲爱的太阳

Komm ein bißchen runter.　再靠近我们一点

Lass den Regen oben,　让雨水留在上头

Dann wolln wir dich loben.　为此我们赞美你

Einer schließt den Himmel auf,　把天空打开

Kommt die liebe Sonn' heraus.　太阳就出来了

我相信，只要有人耐心且温柔地引导她，这个如太阳般正能量爆表的小女孩，会重新闪耀的。

接住孩子的求救警讯，情绪疏通不压抑，才能走出情绪黑洞

——当孩子感觉情绪被接纳，比较容易走出孤立的态势

我做的第一件事，就是明白告诉荷莲娜的爸妈她在校的状况。表面上看起来，她的情绪已慢慢趋于缓和，但是她却反常地一再拒绝团体活动，这代表她内心里还是积压着负面情绪。我们请家长在现实允许的情况下，尽量维持她原本的固定作息，别一下子让她待

在幼儿园的时间从六小时变成十二小时，这对现在的她来说，会加重心理的不安全感，更容易觉得孤单无助。

严格说来我也有疏忽，荷莲娜早在我回来的第一天就告诉我外婆受伤的消息，她说妈妈在医院照顾外婆，但当时我有新生在场，也就未特别留意这些语言讯息，安抚了她几句，一忙起校务来也忘了。现在知道她家里发生这么多事，当然不能再轻忽孩子的感受，提供心灵支持与关爱是绝对必要的。

我告诉荷莲娜："尤拉告诉我关于鲁迪去世的事，我很抱歉，我知道你很伤心，如果你需要聊一聊，我会在你身旁。"随即给她一个大大的拥抱。

接着，我不动声色地"埋伏"在荷莲娜身旁好几天，静静观察她，发现虽然偶尔还是会拒绝参与团体活动，不过她至少没有动不动就哭或发脾气。某一天下午，我坐在沙发上念故事书给她听的时候，荷莲娜突然对我淡淡说了一句："鲁迪不会再来幼儿园接我了。"

我抬起头看着她，心想就趁这时候跟她聊一聊，我对她说："亲爱的，我很抱歉你的鲁迪走了。"

"鲁迪受伤太重，医生救不了它，所以它走了。"荷莲娜说，"爸爸告诉我鲁迪不会再回来了。"

我不舍地说："亲爱的，我知道这很令人伤心。"

她接着说："它怕很吵的声音。"她顿了一下，"那天（跨年夜）去外婆家玩，有人在放烟火，大家都跑出去看，但它被声音吓到跑掉了，然后就出了车祸。"

"这是意外。"我抱着她说,"意外是我们料想不到的事,但它还是发生了。我们总是会有不知道的事。"

"外婆摔断腿也是意外吗?"她冷不丁这样问了一句。

我这才意识到,她小小的脑袋里装了许多的悲伤与担忧,不光是鲁迪的死,她心里还藏着害怕再度失去挚爱的不安。

"外婆的伤没有鲁迪那么严重。她只是暂时无法行走,所以需要人照顾,我相信她很快会好起来的。"

她突然像想起了什么似地,又问了一句:"可是鲁迪再也不能回来了,对吗?"

我深吸了一口气,对她说:"对,鲁迪再也不会回来了。我明白这是很难过的事,但是你仔细想一想,你跟鲁迪的时光,是不是快乐多于不快乐?"

她点点头。

"有时候糟糕的事就是会发生,我们可以哭,可以生气,但是我们不必要因此逃避所有的事情,因为生活里还是会有些令人快乐的事。"

她没答话,只是静静地听我说。

"伤心的感觉并不会很快消逝,所以想哭的时候就哭吧。**我们可以一起想一想,有没有哪些事会让你觉得好过些?还是能不能做些什么,让属于鲁迪跟你的快乐时光保存下来?**"

"但我不想出去玩。"活泼好动的荷莲娜这几天都不想跟着班上队伍外出,只要状况允许,园所里的老师通常也尊重她,但我们一致认为，最多不能超过三天。换句话说，如果她礼拜一到礼拜三都留在幼儿园，礼拜四就一定得跟着队伍出门走走，就算到了公园发呆也可以，一直闷在室内，对她的情绪恢复也没有益处。

我请荷莲娜想一想平日在幼儿园做哪些事情会让她感到快乐，她想了一下，有唱歌、跳舞、画画、去公园、玩水坑等。

"我们要不要每一天从这些曾经让你快乐的事情中挑选出一样来做？但是尽量不要每天都重复做一样的事。"我这样向她提议。

"好啊，但我还是不能跟鲁迪玩了。"她说。

"我知道，但我们可以为它做一本纪念册，你喜欢画画，要不要画鲁迪，来代替跟它玩？"

后来几天，荷莲娜听从我的建议，每天选一项会让她快乐的事来做，但是不能连续几天都选一样的活动，时而画画，时而跟着队伍外出，偶尔也坐在我膝上一起唱起歌。一天天过去，鲁迪的纪念册慢慢填满了缤纷多彩的涂鸦和贴纸，只要荷莲娜愿意，我们并不刻意避谈鲁迪，一旦孩子感觉她的情绪被了解且接纳，就比较容易从孤立的态势里走出来。

幼龄孩子在经历强度高的负面情绪时，因为语言表达能力受限，就容易反映在行为上，这时可能会有情绪不稳（如不明理由的哭闹），或是像荷莲娜这样社交畏怯的退化行为，这常是孩子面对压力的一种表现方式。这时候孩子需要找到与他人的连结并重新建立安全感，若家长或老师无法及时察觉或理解行为背后的原因，只简单粗暴地用处罚来处理孩子的情绪问题，会让状况更加剧。

要记得,**就算孩子没有说出来,但此时他的确需要我们额外的陪伴和关爱**,别因为孩子不太想说话,拒绝出游,就任由孩子自行消化情绪。孩子话少,家长或老师也可以主动提起话题,这时重点已不是聊天内容,**主动释放出"你伤心,我在意"和"你需要陪伴时,我在这里"的信息才是主要关键**。偶尔难以用言语传达关心时,也不要忘了可以借着拥抱、轻拍的肢体语言来稳定孩子心中不安的情绪。

第十章

高敏感孩子说不出口的恐惧

留意不寻常的小细节，关键时刻当孩子的心灵急救站

高敏感特质的孩子由于常对特定事物有焦虑和害怕的反应，常被他人误解过于"小题大做"，而忽略甚至否认其情绪，孩子明白说出内心恐惧可能只换来大人大而化之的反应，因而放弃主动求助。

一个稀松平常的礼拜五早晨，孩子们坐定位子开始吃早餐，没过多久，德国幼儿教师凯莎突然看着窗外惊呼："噢！外头好像发生车祸了！"

这时不要说班上的孩子纷纷好奇地探出身子想看个究竟，就连老师们都停下手边的事紧盯着窗外。

"巷子就这么大，她应该等大卡车先开出去再转进来，刚刚那个肇事的女司机硬要切入，现在撞到了吧！"米拉老师说。

"他们应该会打电话请警察处理吧？"我说，"还好只是车子撞坏，人没事，不过这么一来也有的耗了。"

眼看老师们你一言我一语的，孩子也跟着骚动起来，我只好说："还有十分钟早餐时间就要结束啰！请大家回座位用餐。"

早餐吃完后，大家围着圈圈坐下来开始进行晨间律动时，班上3岁的欧勒突然号啕大哭起来，坐在他身旁的凯莎老师完全不知道发生了什么事，急忙转过身问他："欧勒，你怎么啦？你为什么在哭？是身体不舒服吗？"

欧勒一边哭一边很努力地挤出几个字，问道："外面是不是发生很严重的车祸？"一讲完，马上又大哭了起来。

我跟凯莎两人对看一眼，知道这状况有点不对劲，凯莎马上把哭得上气不接下气的欧勒抱出教室外头安抚。

凯莎把欧勒抱出教室后，她的做法是先告诉孩子外面的确出了意外，不过只是两辆车的小擦撞，并没有人受伤，警察很快就会赶到现场处理。

凯莎回到教室后跟我们说："我向他解释，真的不是什么严重的车祸，如果他愿意的话，我可以带他去外面看。一开始他很犹豫，我说如果不想看也没关系，不过他看了就会知道只是一台小汽车被撞坏了。他答应后，我牵着他的手走去校门口的阶梯上看个清楚，他一看到地上只有汽车后视镜的玻璃碎片，现场的每个人都好好的，只是讲电话的神情有些焦躁，也就慢慢地镇定下来了。"

高敏感孩子的恐惧不安若长期被忽视，将导致他放弃求助

我们几位老师事后针对整个过程进行了讨论，发现可能是因为欧勒那天早餐时间的位置刚好被挡住，他知道外头有交通事故发生，

但在无法看到事情全貌又听到大人小孩的惊呼和七嘴八舌的讨论时，心中的不安与恐慌慢慢升级，最后才无法克制地大哭了起来。

其实，如果欧勒不问那句"外面是不是发生很严重的车祸？"，老师们也没那么神通广大，能在事情发生过了二十分钟后知道他哭的原因。不过庆幸的是，平日我们跟孩子间已经建立了深厚的信赖基础，孩子能放心地宣泄自己的不安，也能透过言语清楚表达不安情绪背后的原因。

像欧勒这样具高敏感特质的孩子，常常无法理解他人的"不为所动"。他们之中有的无法忍受吵闹的声音，一听到稍大一点的声响就会大哭；有的则是对触觉非常敏锐，当其他孩子用水彩做手掌印画玩得不亦乐乎时，会极力反抗哭闹着不想参加。

我们从平常生活中观察到的欧勒，是一个情感丰富又纤细，有着天使般超乎常人同理心的孩子，他会主动分享玩具给比他幼小的孩子，不喜欢引人注目，对于庆生会成为全场焦点这件事非常抗拒，所以每次庆生都不愿意出来坐上庆生椅或戴上庆生帽。他能敏锐地察觉出周遭的情绪反应，所以容易感到害怕不安，同时也非常小心谨慎。我记得欧勒刚入园时，妈妈曾经这样形容他："他做任何事都非常小心翼翼，你相信吗？自从他真正学会走路之后，没有跌过一跤，你会看到他下楼梯就像走钢索那般小心。"

高敏感特质的孩子由于常对特定事物或外在环境的突发事件有焦虑和害怕的反应，因此常被他人误解过于"小题大做"，而忽略甚至否认其情绪，长久下来，孩子明白说出自己内心的恐惧不安很可能只换来大人大而化之的反应,甚至被取笑"胆小鬼""怎么这么没用",因而放弃主动求助。

建立与孩子间的支持机制,2个步骤教他按下焦虑情绪的紧急注销键

高敏感特质跟内向性格一样,它不该被视为一个需要改正的缺点。孩子对别人情绪的高度同理能力,让他们拥有贴心温柔的天性,只要大人接纳孩子的性格特质,懂得倾听并适时引导情绪,他们会通过生活中的正面经验,慢慢地学会削弱焦虑的强度。

每当高敏感孩子在幼儿园有情绪不适的状况发生,我们通常会有以下几个处理步骤:

步骤1 肯定孩子的敏感天性,适时提供协助,而非置身事外的责难

在幼儿园时期,高敏感孩子在我们看来简直大惊小怪的哭闹反应,很容易被老师或家长视为孩子乱发脾气挑战大人的教养底线,因此我们必须从生活中仔细评估孩子的情绪来正确应对。**若发现孩子对特定事物如声音、触觉或他人情绪有高度敏感的反应,需明白他此时的情绪反应多半是无法克制的,自然不该与教养原则混为一谈。**

以下介绍我们幼儿园中几位高敏感幼儿的例子与幼儿教师的处理方法:

对声音高敏感的孩子

举例来说，在晨间律动时间，我们有时会唱一首有趣的德国童谣《小鳄鱼之歌》（Ei, was kommt denn da），歌曲内容是一只鳄鱼威胁要吃小孩，小孩反过来说你敢过来我就把你关进笼子里，曲风非常轻快，孩子们都很爱，一学就琅琅上口，是幼儿园里百唱不厌的热门金曲。但几乎每次一唱起这首童谣，班上同样2岁的卡尔和诺亚就会突然大哭起来，起初我以为是他们因为歌词里说鳄鱼要游过来了感到害怕而大哭，心里想着比起中国台湾的虎姑婆，这首德国童谣的惊吓指数根本只是入门版。

但后来我发现，他们根本不是因为歌曲中的鳄鱼而害怕，而是歌曲中有一个桥段，要孩子大声喊出"Nein（不要！）"，他们会因为被全班一起大喊的声音惊吓到大哭起来，我才知道他们对声音极其敏感。因此，我后来跟其他老师尽量不在他们两个在场的时候唱这首童谣，若有时他们在场而其他孩子又执意要唱这首歌的时候，也会事先告诉他们，他们可以选择不参加，离开活动现场。

对触觉高敏感的孩子

另一个孩子，2岁的菲力则是对触觉高度敏感，跌倒时会因为怕弄脏手，而将手掌朝上扑趴在地上。不管天气多热都坚持要穿长袖，睡觉时会闹着不肯脱下来，我们只好由着他穿上衣服睡，睡醒一身汗再换上新衣。在课堂上，为了增进孩子的触觉刺激，我们会以触觉球帮孩子做全身的幼儿按摩（toddler massage），另外也会以各种豆类或小石头做成步道让孩子踩踏，以多元的减敏活动来改善孩子触觉敏感的问题。

需要注意的是，若孩子排斥参与活动，不要勉强孩子，老师和家长的处理态度必须温和且缓慢，否则可能会让孩子一再累积负面经验而变相强化恐惧。

尤其在强调男生应该要勇敢强悍的传统价值背景下，具有敏感特质的男孩更容易遭受他人异样眼光的对待，他们被逼着舍弃与生俱来的温柔多感，避谈自己的情绪，只为了迎合他人的角色期待，这对将来的自我认同可能会造成不小的影响。我们最应该做的，是加强与孩子之间的信赖连结，给予他情绪陷落时的支持机制，让他们明白每个人生来就拥有不同性格特质，只需要懂得适时调节焦虑不安，没有必要去改变自己。

步骤2 等孩子在沙发区缓和情绪后，再进行解释和引导

德国幼儿园有一个非常厉害的装置，德文叫Kuschelecke，英文是cuddle corner/peace corner，从字面上直译中文的意思是"依偎的小角落"。有别于很多家长或老师以静坐（Time-out）作为孩子哭闹不休的一种处罚，这个角落的设置意义则完全相反，因为**没有一个孩子需要为他所感受到的情绪而受到处罚**。每当孩子如实反映内心的情绪，造成活动无法进行时，我们在安抚无效后会将孩子带离现场，陪他一起在沙发区或坐或躺，不关门不隔离（一定会有老师陪伴），一直到孩子情绪稳定后，再跟孩子谈谈，所以这个依偎角落事实上比较像是孩子的心灵诊疗室而不是禁闭室。**我们必须理解的一点是，很多时候**

孩子的不安是因为他需要知道为什么，以及事件过后的处理。

举例来说，孩子因为吸尘器的声音太大而哭时，我们可以跟孩子解释声音的来源，并在孩子同意下，让他们借由开关吸尘器来知道声音是无害的。或是将吸尘器的声音录下来，依孩子的接受程度每隔几天或隔周逐渐加大音量，缓慢地减低孩子对该噪音的敏感程度。

而针对情绪敏感的孩子，他们很可能是因为面对不熟悉的状况，如文章一开头的交通事故，觉得事情失去掌控而感到害怕。这时大人不妨选择性地透露细节（只有玻璃碎了或是车子的门撞坏了），再补充事情可能的处置方法（他只要下次小心一点就不会再发生了/有人已经打电话请警察来处理），来降低孩子的恐惧感。

我们无法透过言语教会孩子如何不害怕、不担心，因为**安全感的来源只能借由与孩子的心理层面建立链接开始做起**。唯有我们的理解与耐心才能有效地帮助孩子学会调节情绪，透过对话和可容忍范围内的持续尝试与体验，让孩子在焦虑感来袭前，懂得实时按下情绪的安全注销键。

学表达：引导孩子说出自己的情绪和需求

没有一个孩子需要为他感受到的情绪受到处罚。
我们陪孩子一起在沙发区或坐或躺，不关门不隔离，
一直到他情绪稳定后，再跟他谈谈。
这个依偎角落事实上是孩子的心灵诊疗室而不是禁闭室。

2~4岁

第十一章

孩子怕生慢热，害羞特质应该被纠正吗

接纳孩子的性格特质，欣赏他们内心平静的小宇宙

> 不管孩子拥有内向或外向性格，其实都一样有优缺点，大人若试图强硬扭转孩子性情，只会让孩子觉得不被理解接纳。
>
> 人们认为，内向的孩子，不安全感一定很强，才会喜欢独来独往。其实很难一概而论。

已经好几年前的事了，不过那孩子沉默不语的样子却很难在我脑海里抹去。

那时还在中国台湾教书的我，有回下课后跟家长小聊了一下，聊没多久，这位妈妈开始向我抱怨起假期跟亲友一起出国游玩，小孩却都不"积极"玩的牢骚。

"他就是这样啊，都已经升上六年级了，什么都放不开，呆得跟木头似的，花钱带他出国，结果就是静静地看别人玩。"

"这没什么不好，我有时也觉得看别人玩比自己玩更有趣。"我笑着回答。

"凯特老师，但他害羞得太夸张了，人家别的小朋友都会跟着在前面听音乐摇摆跳舞，这是派对耶！哪有人一直不动傻傻地站在

那里？我都担心他这么呆，等升上中学会不会被霸凌。"她全然不顾忌孩子就站在一旁听着妈妈如何数落自己的内向性格。

我一度试着暗示她别在孩子面前谈论问题，但妈妈激动的抱怨根本煞不了车，直到我委婉地表示还要赶去别的地方上下一堂课才结束。过没多久那男孩就因为搬家原因而转校，他在我班上的时间短暂到我已经想不太起他的面容，但后来我偶尔想起这个孩子时，都会浮现起他撇过头，不发一语地听着妈妈在外人面前毫不掩饰数落自己个性过于内敛的画面。我无法想象他在成长过程中因为内向的个性特质被妈妈叨念了多久。

这位妈妈的心情我不是不能理解，即使当时她的表达方式让人感受到的是焦躁多于担忧。她认为孩子害羞内向的个性太容易吃亏，在事事疾速运转的时代，没有人会有耐心和时间去等待你情绪预热好了再来介绍自己，所以将来不管在人际关系、升学或就业上，就算有能力也相对容易被忽视。"这种个性不知道要怎么教他改？"她烦恼地问。

某种程度上来说，她已经先入为主将内向性格特质视为一个需要纠正的缺点。我很想告诉她，孩子能沉稳专注地独立完成很多事也是一种能力，而且他在班上有几个合得来的朋友，并非害羞到畏惧一般社交场合。出国时在派对上他没有一起跟着跳舞，很可能只是单纯不觉得好玩罢了。但是她言语中形容孩子的"傻""呆"，却只会变相地增强孩子对类似活动的反感，因为**想要以讥笑或近乎羞辱的方式意图使孩子主动"走出去"，希望孩子因此能在精神上强**

悍些，往往只会把孩子推向更闭锁的生活模式，长大后他只会索性把房门关上不再听那些恼人的叨念。

内向外向没有优劣之分，别先入为主给孩子贴上标签
——在孩子面前谈论他的行为问题，只会一再增强孩子对自己的负面形象

德国幼儿园里，因为没有制式的课表，孩子几乎每天都可以自由选择想要进行的学习活动。在长期近距离观察下，我们清楚知道每个孩子的天生性情差异会影响到他们在不同活动的能力表现，时强时弱，大人无需过度解读与忧心。不管孩子拥有内向或外向性格，其实都一样有优缺点，大人若试图强硬扭转孩子性情，只会让孩子觉得不被理解接纳。

人们常有一个误解，就是认为内向的孩子，内心一定有非常强烈的不安全感，才会喜欢独来独往。但依我的观察，这其实很难一概而论。有的孩子天生喜欢与人互动，班上有新生进来会非常热情地主动接近，喜欢呼朋引伴地玩团体游戏，但偶尔一个人的时候就很容易感到无聊不安。反之，有的孩子看似安静内向，却不见得不喜欢玩，只是对于玩伴的选择显得相对谨慎小心，所以若没有合适的玩伴，他会偏好选择一人就能独立完成的活动，例如阅读绘画或拼图。

也就是说，有不少个性被归类于害羞内向的孩子，他们其实是

需要多一点的时间观察才能做出决定要不要与人互动，但可能因为没有马上向人打招呼，或没有马上跟着其他孩子去玩，就在短短十分钟内被初相识的大人贴上"害羞"的标签。若是爸妈也常这样在人前形容自己，他无形中就更加强化这样的自我形象，而产生"大家都说我很害羞，所以我可以不打招呼/反正我就是害羞，不跟大家玩也没关系"的想法，这也是教育心理学常引用的**"自我印证理论"**（Self-fulfilling Prophecy），**他人先入为主的贴标签行为，不管正面负面，都会逐步成为人们内心的自我暗示进而影响行为。**即使是一般被视为正面评价的形容譬如"乖""聪明"等等，也有可能让孩子为了一再迎合他人的期待标准而产生压力问题。

偶尔开会在与家长或老师沟通时，归纳孩子性格固然难以避免，但最起码我们应该做到，避免在孩子面前谈论他的行为问题，诸如"坏""害羞""皮"，都只会一再增强孩子对自己的负面形象。在德国幼儿园里，所有的幼儿教师也绝对奉行这样的大原则，除了孩子在园所里日常活动的琐事（如吃饭、睡觉、学习情况），若要谈及孩子的情绪和行为表现，就会刻意等孩子不在时或另外择期开会讨论。

持续鼓励但不强迫，找对方法驱动内向孩子的内在能量

我记得班上有一个2岁入园的孩子连尼，他在一个月的适应期间仍有很强烈的分离焦虑。他应该算是我任教十多年来遇过的最怕生慢熟的小孩，看到陌生人会哭，所以每季全班的合照他通常不会

入镜，因为他只要一看到摄影师叔叔就害怕得大哭起来。不仅如此，所有老师带了他半年多，叫他名字时他还是会撇过头避免跟我们的目光对视，问他话几乎不会响应，也很少主动开口说话。

我们当时花了很多时间跟连尼的家长沟通，想要进一步厘清连尼对于各种学习活动的低参与率，是因为尚未消除心理戒备还是单纯不感兴趣。爸妈对我们表示，连尼可能是因为社交环境较单一，向来很怕生，不过在家话倒是很多，喜欢玩积木火车，偶尔也会自己哼歌。明白了这点之后，我们明白连尼并非只喜欢单独静态活动的孩子，而是需要人从旁协助鼓励他在相对陌生的环境开启新的体验，来慢慢扩大他的舒适圈，让他能轻松做自己。

每个孩子难免会有不喜欢的活动，具有内向性格也不一定等同于害羞畏怯，所以家长和老师要先判断孩子是否因为对陌生环境尚未适应而产生退却行为，当有交友障碍和避免与他人眼神接触等状况发生时，就有必要适时介入缓解孩子的不安情绪。

早上晨间律动时间，偶尔会有双人舞的歌曲（孩子手牵手转着圈跳舞），通常音乐一开始，想跳舞的孩子会自己站起来开始去找舞伴，这时老师偶尔也会问问连尼的参与意愿，就算知道他会摇头说不，每隔一阵子老师也会明知故问地再问一次："连尼，埃米莉在找舞伴，你要不要试试看？"

对怕生慢热的孩子多加重视，以鼓励方式询问参与意愿，但绝对不强迫，是帮助孩子打开心扉的第一步，不管被孩子拒绝多少次，至少孩子会知道他并没有被忽略，明白自己也是团体的一部分。老师若因为知道孩子从不参与就索性跳过他不问，孩子就很容易像隐形人一样把自己越藏越深，久而久之会筑起一道墙来降低自己的存在感，也自然无法成功卸下防备。

于是某一天，当连尼又再度拒绝跟大家一起跳舞时，我突然想到换一个方式试试，想着他或许能跨出另一步。

等到小朋友跳完双人舞回座后，我突然提议，把三角铁、手摇铃、响板等乐器组合拿出来，对全班说："我们现在坐下来唱歌，练习用乐器打拍子，想要乐器的请举手。"

大部分的孩子都举起了手。

我问了没有举手的连尼："连尼，你不想要乐器吗？"

连尼看着我，摇头表示不想。

"好，你不想要跟着打拍子没关系，但你可以帮凯特一个忙吗？"我微笑地对他说。

虽然他没有说话，但至少不再马上摇头拒绝我了，我接着说："你帮我发乐器给这些举手的小朋友好吗？他们必须要坐下并举手才能得到乐器。"

在他还在考虑如何反应时，我走过去把乐器盒递给他，他看起来还有点犹豫，我于是改口说：**"这盒子有点重我们一起发好吗？小朋友请礼貌地告诉连尼你想要哪一种乐器。"**

接着我跟他一人一手一起拎着乐器盒子，到每一个举手的孩子身边发乐器。

"连尼，我可以要手摇铃吗？"其中一个小朋友问。

连尼看了一下乐器盒子,回答说:"可是没有了。"

小朋友犹豫了一下:"嗯……那我拿这个好了。"

递给七八个孩子之后,我问他:"**现在你自己可以发完吗?**"他看着我,想了一下说:"可以。"我扬起微笑,回到位置上,一直到他发完乐器为止。

等到他发完乐器,把乐器盒还给我时,我顺势再问他一次:"**里面还有乐器,你要不要选一个一起打拍子?**"他终于点头说好,我在心里默默地呐喊着YES!就算不一起跳舞也无所谓,但我希望借由新的体验让他知道把自己藏起来不是唯一选项,发乐器的举动其实是打开机会让他练习去跟其他孩子互动说话,缓和他的焦虑之后,就能逐渐提高他对活动的参与度。

慢慢地我们看见他的改变,除了问他问题时,他会看着我们的眼睛回答,偶尔还会主动找我们聊天,虽然仍无法自己排解冲突,但与先前的他相比已经进步很多。课堂的不同活动进行时,他有时仍会拒绝参与,我们会告诉他:"没关系,你等一下想玩的时候再告诉我们。"

终于到他3岁多时,他在班上交到了一个好朋友。史蒂芬是个活泼好动的孩子,很可能是因为史蒂芬大大咧咧的乐天派性情也吸引了连尼,在公园里他会主动牵着连尼的手,一个劲儿地拉着还没反应过来的连尼大喊着:"消防车要经过了,滴~呜~~滴~呜~~滴~呜~~(德文模仿消防车的声音Tatü Tata)"

个性南辕北辙的史蒂芬跟连尼竟然意外投缘,一拍即合!我们告诉连尼爸妈时,他们也很开心并积极地在下课后安排游戏约会（Play Date）,让史蒂芬跟连尼能有更多时间玩在一起。后来史蒂芬因为爸爸调职搬家,连尼也很快找到玩伴,他会开始在公园跟一群孩子玩你追我跑,也会主动表明想参与感兴趣的活动。

如果说之前晨间律动让连尼发乐器是推动他走向前的一股助力,那史蒂芬的友情攻势绝对是最终让连尼把心门敞开的主力！接纳并尊重孩子的不同性情,必要时给予引导却不强迫其意愿,给孩子时间从内心里平静的小宇宙找到所需要的能量,开启自己的探索之门。

当孩子对陌生事物感到紧张时,先让他做好情绪的暖身准备

——大人的态度越放松,孩子心中的不安越容易缓和

我觉得连尼个性变得开朗最重要的原因,就是**孩子自己在情绪上准备好了**,而老师在整个过程中耐心地等待他交付信赖,而不是粗暴地把孩子放进团体里,让他自行适应。

在德国幼儿园,每个孩子都清楚知道,他们有权利对每天不同的学习活动表达参与意愿。一旦孩子说了"我不想参加",所有的老师都会接着回答:"你不一定要参加。如果你不想,你可以不参加活动。"而根据我这几年长久观察下来,这样的说法反而比"大家都参加了,你为什么不参加？"更容易扭转孩子强硬的抗拒心态。

我记得班上另一个小女生苏菲雅,她从进园开始就很不喜欢任何跟水彩相关的活动,不管是手掌或脚印画,还是拿着水彩笔作画,只要一看到水彩用具摆上桌,她立刻反应激烈地猛摇头说"不",老师们都一再温和地鼓励她尝试一次看看,但发现她执意拒绝后就不再勉强。

一直到后来她3岁上了中大班,有次美术老师把画架扛去外面的公园上艺术创作课,因为画架有限,所以老师分组让几个孩子共同创作一幅作品。一开始苏菲雅仍然没有意愿参加,直摇头说"不",美术老师也没说什么,只告诉她:"你不想一起作画没关系,不过还是请你站在旁边看。"接着美术老师要孩子自己去找创作的素材,可以是树叶,可以是小树枝,抑或是小石块来沾水彩压印或随兴挥洒在画纸上。可能是多了自行拣选创作素材的方式让苏菲雅感到有趣,她竟然不自觉地就拿树叶沾着颜料往画纸上压上去,老师们看到都感到非常讶异,不过也没多说什么,就让她自己摸索着玩。而有了一回体验,苏菲雅虽然不是每次都愿意,不过也不那么抗拒参与水彩创作了。

当孩子对陌生的事物感到情绪紧绷,甚至有高度抗拒的反应,大人的态度越放松,孩子不安的强度越容易缓和下来,对于该事物的态度才有机会改变。我们应该多给孩子一点观察考虑的时间,保持一点距离,孩子往往能看得更清楚,就好比我们进入一家商店,总是习惯先走走看看,如果这时店员不考虑顾客喜好,只强烈推荐某一单品,我们可能连看都不想看就急着想甩开恼人的店员。强迫推销的方式毕竟很难奏效。

因此，大人用意固然再好，若不等孩子情绪暖身完毕就急着拉孩子去尝试，到头来只是徒增孩子不必要的恐惧和排斥。我们只需要试着退后一些，空间挪出来后，孩子便自然地会往前踏出那一步。

Q 当大人间发生争执，如何梳理孩子的不安情绪？

A 屋顶下的冷风暴雨，别让孩子困在夹缝中。
唯有尽量维持以往一致的教养方式，才能将对孩子的冲击减到最低。

不管是新生入园前的家长面试，或入园后每三个月向家长报告孩子的学习进度，还是孩子有特殊状况时的面谈安排，积极建立亲师的沟通交流，都是德国幼儿园的主要重点目标之一。几年下来的密集训练和经验累积，每次面谈前我都是一派轻松地赴约，当作是一场与好友的咖啡约会。

但是不久前，我遇到了堪称执教生涯以来最难以攻破的家长面谈，不仅日期改了又改，从十月初约到来年二月才敲定，面谈当天也犹如王不见王般，一前一后地抵达，也一前一后地离开，气氛尴尬僵硬，原因再明显不过了，这是一对正在冷战分居中的夫妻。

冷战分居的家庭，在大人的情绪间拉扯的孩子……

简单介绍一下这对爸妈，爸爸是德国人，妈妈是荷兰人，两人共有一子一女的双语家庭。正在读大班的女儿夏洛特（化名）今年5岁，而即将满2岁的汤姆（化名）则是在半年前左右入园。我们跟这对爸妈基本上已经相当熟络，也很清楚两人的个性，爸爸个性外向敢言，妈妈则温和体贴，在新生入园前的家长面试中，当时还完全看不出两人失和的迹象，只是说到底，那也毕竟是半年前的光景了。

而这次会约谈的原因主要是汤姆在幼儿园有明显的行为退化现象，原本爱跑爱笑的他，情绪突然变得异常敏感，就算语调轻柔地询问他各项活动的意愿，他都不会响应，人到了公园也只是呆坐在沙坑里，跟之前全场疯跑的他判若两人。有时极为平常地跟他说话，他会没来由倒地大哭起来，最令人不忍的是，他会开始抓自己的后肩、手臂、脚踝，因为抓的频率过高以致流血，帮他换衣服的时候，看到全身都是抓伤的小小身躯实在目不忍睹。

幼儿教师跟家长反映孩子状况后，妈妈才向我们吐实他们夫妻两人正在冷战分居中。虽然我们无法确定自伤行为跟父母冷战分居状况有无直接关系，但汤姆的情绪和行为的确在这一个月间出现很大的变化，跟家长约谈并找出方法处理绝对有其必要。

"汤姆出生后，也许是养育两个孩子的压力大到超乎我们原先的预期，我们开始因为各种大小事而吵架，虽然我们也尽量做到不在孩子面前吵架，但我想孩子能感受到这些情绪。夏洛特5岁了，跟她解释过后她好像也能多少理解现况，只是汤姆太小了……"汤姆妈妈说到一半，突然哽咽地掉下泪来，我握住她的手，她苦笑着重新整理情绪说："我不知道他（汤姆爸爸）是怎么想的，也许他想拿孩子当筹码，所以硬是要跟我抢孩子，毕竟是我先带着孩子搬出去的。"

"所以现在夏洛特和汤姆都是跟着你住吗？"我问。

"孩子礼拜一到四在我这里睡，五六日则到爸爸那儿。"她答。

我对她说："其实汤姆可能只是一时之间频繁地更换地方睡才不能适应，稳定一致的生活作息对这年纪的孩子相当重要，他需要一点时间消化不安的情绪。"

汤姆妈妈这时突然面有难色地问我："凯特，我不是要你们选边站，但也许你们可以跟爸爸反映汤姆目前的状况很糟，以校方的立场从旁建议孩子需要规律的生活作息，也许他会听你们的，让孩子先跟我住一阵子，因为我该说的都对他说了。"

当下我没有详问他们争吵的原因和细节，也提醒自己不要只听单方的说词。他们夫妻双方目前正在气头上，在了解清楚事情始末前，我能做的就是让他们考虑到汤姆没能说出口的心情，不管这段婚姻最后结局为何，彼此应该以更成熟的态度面对问题。

"汤姆的情况我们绝对会如实向他反映，但是针对孩子的状况我想还是应该我们三方找个时间一起约谈会比较恰当。恕我直言，但我认为你们目前只透过e-mail或whatsapp来沟通反而不利于解决问题，因为人在气头上的时候对于字面讯息会更加敏感，因而造成错误解读加深误会的机率很高。

"另外，此刻孩子感受到的不只是爸妈各自的情绪问题，同时也感受到你们之间僵化的紧张关系，就算你们极力不将自身的情绪投射在孩子身上，只要你们一直不见面避谈问题，孩子的不安全感将很难消除。"我继续说，"你们的问题我们当然没有权利介入，有可能你们很快地会找出方法解决歧见，也许还需要多花上一点时间，但对孩子来说，父母双方的角色必须维持稳定且平和，否则孩子的情绪会一直在两者之间拉扯。"

经过一番劝说后，汤姆妈妈才答应跟汤姆爸爸一起跟我见面相谈，约谈前我分别私下跟他们保证，会议内容只针对汤姆的状况让他们了解，关于他们夫妻私人领域的事我绝对不多过问。即便如此，在会议开始前，我还是不免紧张了起来，自动脑补了很多他们争执不下的画面，所幸这些担忧并未发生，我们在会议中讨论一些两人分别照顾汤姆时的注意事项，例如生活常规和作息时间的建立最好能一致，在更换住所过夜时可以让汤姆或夏洛特带着熟悉的玩具或毛毯帮助他们适应。

此外，我也提醒他们，跟着父母分开住，孩子在初期难免会有适应问题，所以可能的话多花点时间陪伴会很有帮助，但也无须把亲子时间刻意包装成一个惊喜，每一次都非得出游或买礼物来讨好孩子，唯有尽量维持以往一致的教养方式，才能将这时期对孩子的冲击减到最低，并真正善尽到父母的教养责任。其实说故事给孩子听，或是去公园散步骑单车这些简单的日常活动，往往才是这阶段孩子们真正需要的亲情养分。

大人一时的冷静期别升级为冷战僵局，避而不谈的坏情绪也会传染

——幼儿园的孩子情绪感受能力极强，大人的争执在他们眼中无所遁形

因为工作的关系，所以不管在中国台湾或德国，总是会有朋友在帮孩子找幼儿园的时候来问我意见。他们通常自己做了很多功课，对于园所里的课程内容、师生比和校园环境会认真地研究比较，但我发现有一个重点是很多人都会直接省略，忘了去留意，那就是"校园气氛"。

幼儿园的孩子对情绪有非常强的感受能力，有些2岁以下的孩子，会因为别的小孩笑而笑，听到人哭就一起跟着哭，他们对情绪的接收相当直接，且对于负面情绪尚未有足够抗体，因此除了其他孩子的哭声，大人之间的争论谩骂，甚至不出声的冷战，在他们眼中全都无所遁形，了解得一清二楚。

对我来说，幼儿园的治学理念、师生比例跟环境设施等环节固然重要，不过幼儿园里的整体气氛也绝对值得观察。幼儿园里的友善指标，常常从幼儿园里老师之间的互动是否活络轻松即可一窥端

倪。彼此的声调语气、脸部表情、和谐健康的互动气氛是可以感受出来的，若合作带班的幼儿教师彼此间的关系冷漠紧绷，就算对孩子再温柔，也相对地可能营造出低迷的班级气氛。

健康友善的社交环境是优质幼儿园里的必备条件。如果我们不想处在管理阶层对员工颐指气使的环境下工作，那么把孩子送到这样不时笼罩情绪高压的幼儿园自然也不该是选项之一。

但事实上，幼儿园里也不存在永远的太平盛世，幼儿教师之间因为各方面的差异，难免会有意见不一致而导致沟通困难的时刻。不过也许是年纪渐长，我渐渐理解到，与同事或下属之间成为朋友是可遇不可求的，但并不会影响彼此成为互相信赖的工作伙伴。某种层面看来，幼儿园像是一个大家庭的模板，不少爸妈一再因为管教问题而引发冷战僵局，但在教养方向上出现分歧并不是无法克服的大问题，毕竟连同样有教育专业背景的老师们也会在某些议题上僵持不休，我想问题核心在于，双方面对歧见时是否有意愿试图修正沟通模式，并找出可理性对话的时机，进而在荆棘密布的育儿路上找出一条可顺利前行的路径。

当大人间意见相左或发生争执，理性解决冲突的2大建议

建议1 意见相左时，不要将其视为在关系角力上的输赢

德国幼儿园里的常规是全体幼儿教师讨论出来的，在制定大大

小小的规定时，绝对不会由教学组长一个人说了算数，在讨论中产生争辩对每个老师来说已经司空见惯，没有人会愿意一直当一个只会附和意见的人。不过这样费时费力的作业并不徒劳，在双方各自陈述意见的过程中，我们时常意外地发现最终的解决方案其实都不是原先的答案，在沟通时不妨以"我所坚持的意见也可能有盲点"来聆听对方的说法，反而更能跳脱思考死角看事情。

如此一来，不仅可以避免很多不必要的激烈争吵，达成共识之后也能真正落实教养原则。然而，**若是双方无法在沟通过程中弭平歧见，请务必在情绪高涨前退下谈判桌**，在孩子面前争吵关于孩子的问题只会衍生出更多问题。提醒自己每一个歧见背后都存在着一个必须被理解的需求，花费力气争吵远不如等冷静过后再来谈更有效。

建议 2 万一不小心在孩子面前发生争吵，简单向孩子解释事情原委

如之前所提及，这年龄层的孩子有很高的情绪洞察力，他们不见得听得懂大人在争执过程中说的每一句话，但绝对可以从声调语气和动作表情感受到正在发生一件令人不悦的事。所以家长佯装什么事都没发生，可能只会让孩子感到更困惑不解，甚至因此会解读是自己犯了错害大人吵架。我们不妨适度地向孩子解释事情原委，并承认处理过程上的错误，例如"我跟爸爸刚刚在讨论出游地点，可是我们因为想去的地方不一样所以有点沮丧，妈妈在这过程中不小心说了不礼貌的话，所以要跟爸爸说对不起，我下次会注意等冷静下来再好好沟通。"若是事后双方已经达成共识，也可借此机会让

孩子知道你们已经想出解决办法，来降低孩子的不安全感。

　　世上没有完美的人、完美的老师，完美的爸妈也不存在。我们能做的，就是靠一次次的积极沟通来修正教养路上可能遭遇的课题。每个情绪强压理智的时刻，试着不要扯破喉咙地去比谁大声谁赢，在难以避免的争执过后，不一味地粉饰争执的事实，温和地解释原委并在孩子面前重新开启健康的互动模式。现实生活中，孩子也不可能永远在没有冲突的环境中长大，爸妈之间在意见相左时所表现出来的健康沟通模式，对孩子将来的一生，无比重要。

进入本部分之前

孩子在能够成熟掌握语言能力之后，会开始问许多问题，甚至挑战大人的说法提出质疑，有些问题我们就算可以解释，孩子也不见得能全然理解，更何况有些事，实在无从解释起它为何会发生。借由在德国幼儿园工作的机会，我侧面观察到了很多老师和家长跟孩子的对话方式，看到他们以有退有进、有收有放的沟通技法让很多争执化为无形，也同时强化了双方下次对话的信赖基础。

认真地把每一个孩子当作个体来对待，并试着从孩子的视角看待生活中的大小事，当心中的教养藩篱已不再捆绑着我们，更多的教养法宝就会浮现眼前，而我们所说的每个字句和表达方式，都在日常生活中影响着孩子将来如何与人沟通。

生活中让孩子感到纳闷的新鲜事何其多，天性好奇的他们一不小心就会想要做个新尝试，甚至犯错或是说错话，我们需要了解如何在保护孩子的前提下，不让沟通变成我说你听的单向道，**清楚沟通这件事不仅仅是两方的语言释出，还包含了面部表情和肢态动作，情绪上能做到同步交流，沟通才能起到互相理解的作用。**生活中的大小事可以轻松谈，人生哲理也可以跟孩子天马行空地漫聊，偶有需要严肃讨论的议题，也别让孩子只能听不能说，让情绪跟言语都精准对频，孩子才不会从沟通的轨道上驶离。沟通这一学分，我们一起持续进修。

5岁

第十二章

"这不公平!"为什么他可以不遵守规定

公平未必代表一模一样,兼顾各异需求才是真公正

> 听到幼儿园的孩子抱怨不公平时,家长的应对方式必须开放且诚恳,潦草敷衍的态度只会让抱怨不公平的话语一再出现。
> 倾听孩子的理由并引导他说出公平的观点,就能巧妙闪躲过孩子的抱怨炸弹。

不少爸妈一开始送孩子去幼儿园的理由之一,不外乎是希望在家里一向"唯我独尊"的孩子,在幼儿园里能在老师的引导下,渐渐学会团体生活的规范。

新生刚入园的适应阵痛期是可预期的,举凡玩具使用后不收拾、用餐时坐不住、活动进行时不排队也不耐等候、鞋子衣裤换好随手就往地上扔等等情境,每个幼儿教师都曾接待过诸如此类尚未"文明开化"的小孩。过了一阵子之后,园所里的大小规矩会慢慢地在每个幼儿的心灵发酵,孩子们一开始只是不明就里地跟着做,进步到能够理解每个规矩后面的制定缘由,最后还有可能会化身为小纠察队员,严加审核大人的每个决策是否公平公正,只要察觉些许不对劲,不仅会对不守规矩的孩子生气,还会向大人提出抗议!

他们最常脱口而出的一句是"不公平！为什么他不用……/为什么他就可以……？"

有回午休时间刚结束，孩子们正忙着换衣服时，我看见3岁的山姆两眼涣散地坐在地上，走过去近看发现他脸颊红通通的，一量孩子的体温果然是发烧了，当下立刻打电话通知家长，不过家长说可能要一个小时后才能赶到，只好先让山姆在幼儿园休息。孩子们换好装后，很快到了点心时间，山姆摇摇头跟我说他不想吃东西，我跟他说不吃东西可以，但至少得喝点水，之后他可以去沙发区躺着休息。他答应我后，跟着其他孩子坐了下来。桌上的点心是苹果和西洋梨，还有一点红萝卜和小黄瓜的蔬果棒。就像山姆告诉我的，他只喝了点水，之后就自动离席去沙发区窝着。

"山姆要去哪里？"同坐一桌的约翰纳闷地问我。

"他发烧了需要休息，所以他想去沙发区躺着。"我回答。

"但是用餐时间大家都要坐着啊！"约翰虽然只嘟囔了这么一句，但心里想的或许是"这不公平！你们不是说不想吃也要坐着？"

对待孩子的质疑，以讨论代替单向说明，更能让他学到事情的逻辑

我知道，在5岁的约翰眼里，公平代表的是一件事的绝对正确，而不公平则是绝对错误，就像黑与白之间互不兼容，不该有丝毫的模糊地带。其实，约翰说得没错，用餐时间大家必须一起入座是幼儿园的铁律之一，孩子们都清楚，不想进食或喝水都没关系，但是仍必须等到大家用餐完毕后才能离席，这是从他们1岁进入幼儿园时就切实执行的生活常规，就连刚入园仍在适应期的新生也不例外。因此他无法接受有人可以得到特权不适用于此项规定，会提出抗议也是很合理的。

幼儿园的孩子，对于公平的理解多半只停留在全体适用的概念，也就是每个人都该得到相同的东西和处置。曾经有教育研究者对不同年龄的孩子进行针对"公平"此一概念的测试，测试结果显示：幼儿园孩子心中认定的公平是"有赏人人拿，有罚一并承受"。该实验的测试者让接受测试的孩子面对全班因为某一个人的错误而受到处罚，或是全班因为一个人的优良表现而受到奖励的情境，年纪介于4~5岁的受测者中，高达百分之四十认为老师的处置很公平，他们认为大人单独处罚一人会让当事人很难受，所以他们有可能尽量避免直接让单一个体承受与他人不一样的对待。而8~10岁的小学生则明显不认同这样的连坐处罚方式，只有百分之三的受测者能够接受。

德国幼儿园并不鼓励以赏罚制度来教育孩子，幼儿教师们相信透过频繁的讨论与观察，孩子能够清楚学到事情的逻辑和每个行为可能带来的后果。面对约翰提出的质疑，我清楚简单粗暴的反应不该在选项之内。一句"生病的人就是需要休息，这哪有什么不公平？"一旦说出口，便等同于把双方的对话窗口死锁，我既听不到约翰的想法，约翰也不会明白公平的真正含义。

"约翰,你说得没错,用餐时间的规定是大家都要坐下来。"我先让孩子知道我听到他的意见了,"但今天的状况不一样,我若让山姆坐着他会很不舒服。"

"那他为什么不回家?"约翰问。

"山姆的爸爸已经在来幼儿园的路上了,山姆很快就可以回家休息,但在那之前,我们必须尽可能让他觉得舒服一些。我们当然要遵守规则,但有些特殊状况,我们就不得不打破规则。**你觉得让发烧的山姆坐在椅子上,他会怎么样?**"

他想了一下,说:"他会哭。"

"对,他有可能会哭。那在吃点心时间有人不停地哭对大家好吗?"

我见他摇摇头,又问:"为什么不好?"

"因为会很吵。"约翰回。

"你说对了,那是不是就会变成我们的耳朵不舒服了?"我进一步说明,"所以有时候打破规则反而是对大家好,对大家公平。"听到我的解释,约翰原本的反弹已经减弱,但我想光这样说还不够,就再问他:**"不过这样的情况不多,你还知道有什么情况下我们必须要打破定好的规则吗?"**

原以为他会思索一下再回答我,没料到约翰像是玩按铃抢答的益智游戏那般,秒速回答我的问题:"救护车,救护车就可以闯红灯,别的车都不行。"

听到约翰的回答,我忍不住跟他击掌high five,对他说:"完全正确!你举的例子太好了。现在假如发烧的山姆在救护车上,点心时间是等红灯的时间,沙发区是医院,我们应不应该直接让山姆去沙发区休息,还是你会要他也等红灯?"

约翰听懂我言下之意,笑着摇摇头。

最后我问了句:"还是你也不舒服,想去沙发区躺着?"

约翰回说:"我没有不舒服。"

我笑着告诉他:"只要你觉得不舒服,你随时都可以去沙发区待着,知道吗?"我拍拍他的肩膀,说:"这个时候你也可以不等红灯。"

约翰点着头,像是多少明白了这其中的道理。至少我知道,他脸上那抹关于不公平的疑惑神情,已有散去的迹象。

追求平等与公正是天性,别让孩子消极接受一切的不公平

关于公平与否,即使是跟高中生,都不见得是可以轻松讨论的议题。因为事实上我们都知道,这世上并不存在恒态的公平,在不公平的社会结构中力求公平的最大值,一直是人类社会期许的一个远大目标。不过5岁的孩子不会去思考到现实世界的运作方式,他们才刚从3岁前的完全自我模式跳脱,学会了团体生活中的规范也伴随着每一个人的些许忍耐与退让,孩子在不同年纪的理解可以有非常大的出入,大人需要从孩子的视野去理解他的想法,才有机会说服他所谓公平的呈现方式不一定会符合他的预期。

既然世上存在不公平的事实无法避免,那么孩子应该学会的,是保有与不公平事物抗衡的勇气,并明白自己有发声的权利,而不是始

终态度消极地当个沉默的受害者。简单回答孩子一句"这世界本来就不是公平的",并不会让老师或爸妈从此不再听到孩子抱怨"这不公平"。相反的,正因为孩子无法理解大人是基于不同状况、不同需求而尽量维持不公平中的公平,所以会更卖力地拉高分贝抱怨,来巩固自己认知的绝对正义,似乎认为不这么大声就不会被当一回事。

3个建议,培养孩子学会理性思考和沟通问题

听到幼儿园的孩子抱怨不公平时,家长的应对方式必须开放且诚恳,潦草敷衍的态度只会让抱怨不公平的话语一再出现。最重要的是,倾听孩子的理由并引导孩子自己说出公平的观点,就能巧妙闪躲过孩子的抱怨炸弹,不失准则地安全化解。家长可以参考以下建议:

建议1 打开双方的对话窗口

孩子若没有与大人针对不同意见进行讨论的练习,自然就会缺乏理性沟通问题的能力,大人可以试着一起与孩子探讨多数表象的不公平皆有缘由,让孩子知道我们明白他的感受,随时乐意陪他一起想办法。大人此刻该扮演的是支持与理解的角色,让孩子体会他眼中的差别待遇,其实是大人努力求取公平的结果。尽管我们没有能力翻转所有不公平的局面,但积极面对绝对比消极抱怨更能找到解决方法。

建议2 给予孩子决定的弹性空间

孩子的抱怨常来自于跟他人比较后得到的结论，如：看电视的时间长短、几点就寝、零用钱多寡等等。大人在制定常规时，最好也尽可能地聆听并采纳孩子的部分想法，双方一起讨论的过程往往比结果更有意义。举例来说，孩子可能会抱怨玩乐时间太少，这时老师或家长可以反问："**你觉得你应该玩多久？**"必要时提醒孩子，是"应该玩多久"而不是"想玩多久"。这句问话能表达大人对孩子做决定的信任态度，让孩子知道他的想法也同样重要。越是开明的沟通空间，孩子反而越懂得自制。

建议3 培养同理心，保持思考的弹性空间

让孩子明白所谓的公平并不代表一模一样，大人无需为了得到孩子眼中的公平而失去准则。孩子上了小学之后，慢慢地会对公平有更深一层的了解，他们会开始去在意别人的需求与感受，倘若家长无限度地满足孩子的公平标准，他们就更难适度保持对事物观点的弹性空间，小我的心胸无法拓展至大我的格局，倾斜的视野从任何角度来看都不公正。

细腻且温柔地对待孩子心中那把公平的衡量尺，他们的学习之路固然仍遥远漫长，但是小小的正义斗士在成长之后，就能为这世界增添一股良善的力量。

孩子抱怨不公平时，培养他理性沟通能力的3个建议

孩子：
这不公平！

建议 1

打开双方的
对话窗口

⬇

家长："你要不要跟我聊聊？可以让我听听你的想法吗？""这件事爸妈会这么做，是因为……"

建议 2

给予孩子决定的
弹性空间

⬇

家长："那么，你觉得应该怎么做才算公平？"

建议 3

培养同理心，
保持思考的弹性空间

⬇

家长："你想想，如果你是那个人，你会有什么感觉呢？"

2岁

第十三章

"我不想这样玩！"学会尊重别人的底线

认识身体自主权，没我的允许，谁都碰不得

"我的身体我作主！"涵盖的层面很广，口头告诫孩子私密部位绝对不能被人触碰可能还不够，也必须从日常生活强化孩子对身体安全的态度，只要觉得不喜欢，就有权表达抗议。

幼儿园里的玩具分界总是壁垒分明。靠近大落地窗的是乐高积木区，另一头是汽车专用的游戏区，经过儿童木制厨房后，再来是孩子们阅读休憩的沙发区，沙发区的一旁还有让婴儿玩偶躺着的小床，孩子们想跟娃娃有个慵懒的午后时光时，常会到沙发区这里来，或躺或卧，惬意得很。

有一天的下午，3岁的劳拉和妮娜又窝在沙发区一起玩着婴儿娃娃，她们两人翻箱倒柜地替娃娃挑选合适的衣服，突然妮娜喊着："哇！这里有一片尿布耶，我们可以来帮娃娃穿尿布。"是的，除了衣服袜子奶瓶奶嘴，有时候我们也会特地放几片尿布裤在娃娃的衣篮里，孩子们就可以替娃娃换尿布。**让孩子模拟大人照顾娃娃的好处不胜枚举，不仅可以加强认知和想象能力，帮娃娃穿衣袜等精细动作也对小肌肉发展有益处，除此之外，玩婴儿娃娃还能让孩子培**

养同理心，不论男生女生都可以借由这样的游戏方式加强各种能力。

但这回孩子却玩得有点失控了！

事情发生的时候我在旁边陪着其他孩子在木制厨房里玩，隐隐约约地听到劳拉的声音说："我不要！"

"但是你尿裤子了。"妮娜这么说。

"我没有尿湿裤子。"劳拉反驳。

乍听之下，我虽然感到奇怪，心想已经结束如厕训练大半年的劳拉怎么又会尿在裤子上，但还是决定到沙发区问个究竟。没想到一走过去，就看到劳拉左闪右躲地想避开妮娜，她清楚地喊着："我不想这样玩！（Ich will das gar nicht！）"

原来妮娜帮娃娃换好尿布后，又在衣篮里发现另一片尿布，于是她突发奇想地想让劳拉当娃娃，她来当妈妈帮忙换尿布。面对劳拉的抵抗，妮娜充耳不闻继续靠近，拿着尿布就往劳拉的小腿肚套上去。

"够了！"当我还犹豫着该不该主动介入孩子的纷争时，德国老师米拉突然大声斥喝，一个箭步冲过来，立马制止妮娜的举动，"当别人说不要的时候，请你停止。这样随便碰触别人的身体是不行的！"

米拉这番话把我整个震醒，不禁懊恼自己的反应怎么会如此迟钝，就因为妮娜和劳拉都是小女生，所以我当下并没有意识到妮娜的玩法已经逾界。她一直以来就是天马行空，鬼点子超多的小女孩。小时候的她在进行如厕训练时，有一回一样在玩娃娃，我们提醒她是不是该去上厕所，她回说已经上好了。老师们却没人看到她有去上，走过来问她时，她手指着给娃娃用的玩具小尿桶说："我早就尿好了！"老师们一看差点没晕倒，原来她竟然尿在娃娃的玩具尿桶里。不过因为她当时还未满2岁，我们也不忍心责怪，只好跟她声明这玩具尿桶是只给婴儿娃娃用的，她果然也没再犯。没料到老是异想天开的妮娜这回又想个鬼点子，要帮劳拉换尿布，虽然过程中她没有扯劳拉的衣裤，但确实已经侵犯劳拉的身体自主权！

3岁的妮娜被米拉老师的疾言厉色吓得一动也不敢动，因为在幼儿园里，老师们基本上除了危及孩子人身安全的事情，几乎不曾如此大声地制止孩子。这时米拉老师蹲下来，态度放软对妮娜说：**"每一个人都要保护自己的身体，不管是谁都有不想被碰到的地方，所以你不能随便乱摸别人的身体部位，而只要你不喜欢，老师或其他大人也不可以不经你的同意就碰触你的身体，知道吗？"**

妮娜也已经意识到事情的严重性，泪珠在一双大眼里打转，米拉老师无可奈何地苦笑了一下，问："我知道你下次一定会注意的，对吗？"

孩子点点头。

米拉老师转过身也把站在一旁的劳拉叫到身边，告诉她："你做得很好，每个人都要保护好自己的身体。"

米拉老师看妮娜仍哭丧着脸，便蹲下来安抚孩子的情绪："妮娜，我知道你觉得很难过，你需要一个大大的拥抱吗？"

妮娜大哭了起来，她紧抱着米拉老师，久久不肯放开。

"身体的主人只有我一个！"教孩子向不请自来的亲密接触说"不！"

德国幼儿园从孩子一开始入园就很注重每个孩子的身体自主权。尽管年幼的新生通常更需要亲密的拥抱与呵护，但只要状况许可，幼儿教师也会尽量在生活里的大小事情中，向孩子传达"每个人都是自己身体的主人"的讯息。

拿一个幼儿园里不成文的规定为例子。每天午餐前，我们会帮所有还在包尿布的孩子们换新的尿布，而大的孩子也会在这时间去如厕或洗手，有时候班上刚从外头玩得一身脏污回来，部分孩子也需要换上干净的衣物。这个时候，如果幼龄的孩子执意不愿给某个老师换尿布或换衣服，我们便不会勉强他。换尿布或衣服这件事固然没得商量，不过孩子一律保有绝对的身体自主权，他可以决定要由哪一个老师来帮他。

"我的身体我作主！"这原则涵盖的层面很广，口头告诫孩子私密部位绝对不能被人触碰可能还不够，我们也必须从日常生活里去强化孩子对身体安全的态度，只要孩子觉得不喜欢、不愿意，就有权利表达抗议。

我记得有回全班正要出发去附近的公园时，老师让孩子两两成对地紧握对方的手以保持安全，原本3岁的苏菲雅跟1岁半的瑰塔牵手成对，我担心苏菲雅无法照顾好脚程尚慢的瑰塔，就给她换个同年龄的雅娃当伙伴。苏菲雅对我擅自撤换她的伙伴却感到非常生气，拒绝牵起雅娃的手，我心想这小妞实在也太倔了，如果每个孩子都要挑选到合意的伙伴才愿意牵手，光是整个队伍岂不就要耗上一个小时，但我想一想之后，还是决定尊重苏菲雅的意愿。

孩子的思绪我其实可以理解，她并不是因为不喜欢牵雅娃的手，她是因为太想要照顾幼小的瑰塔才跟我闹别扭。幼儿园里的混龄制度让很多孩子都想透过照顾新生来证明自己长大，想到这里我觉得若硬是跟孩子打一场角力赛也未免太没意义。比起那更重要的是，我不想因此违背孩子的意愿，去打破自己定下的规则。我们在幼儿园里一再告诉孩子，就算只是要牵别人的手，或搭别人的肩膀，最好都要得到他/她的同意才不会失礼，强行触碰他人身体或被他人强行触碰都是很严重的事情，必须立即告诉家长或老师。

如果我当下执意要苏菲雅牵别人的手，或许就跟强吻别人小孩的奶奶阿姨没有两样。我叮咛她瑰塔还小没办法走太快，请她务必放慢脚步，如果她不能做到，我只能再次重新整队。果然她一路小心翼翼地留意瑰塔的脚步，安全且平和地回到幼儿园，谁都不必为此而不悦。

3个方法，教会孩子"身体自主权"的概念

教导孩子身体自主权的概念，不分男生女生，而且越早开始越好。从认识自己的身体开始，延伸至身体安全的话题，让孩子知道

PART 3

全班要外出时,
老师让孩子两两成对紧握对方的手以保安全。
让年龄较大的孩子负责照顾新生或小小孩,
能让孩子感觉到自己已经长大,更有责任感。

每个人都有自己划分的身体界线，他人非经同意不得跨越。**在日常生活中大人也应彻底贯彻这样的原则，强迫孩子去亲吻或拥抱别人，很容易使孩子对身体安全的理解产生模糊的灰色地带。**3岁以上孩子的家长或老师可以通过以下几个方法来与孩子讨论：

方法1 认识身体的私密部位

让孩子知道重点身体部位的名称，并解释之所以称之为所谓的私密部位是因为这些身体部位不是可以随便让大家看或触摸的。如果有人强行碰触这些地方，不管是大人还是小孩，一定要马上告诉老师或爸妈。

方法2 绝对的身体自主权

除了任何人（包括家庭成员）不能随意碰触或强迫孩子碰触身体，也有必要提醒孩子，**就算别人一开始同意你拥抱或亲吻，甚至搔痒，也有权利在任何时候改变心意，只要别人说"不"，就不能逾矩越界，反之亦然。**

方法3 教孩子辨别可能的早期警讯

让孩子知道，关于身体接触，任何时候他们都必须尊重自己的感受。有不少性骚扰或性侵案件都是渐进式犯案，先取得家长或孩子的信任再试探底线找机会下手。所以即使那个人看起来是"无意碰触"或是友善的同学或熟人，只要他有害怕、不舒服的感觉，就必须大声喝止对方的举动，并立刻跟老师或父母报告。

身体自主权的概念之于孩子何其重要，别等偶发的社会案例发生才恐慌地临时抱佛脚叮嘱孩子注意事项。在园所里发生那次"换尿布"事件前，我们也曾进行过"认识身体"的主题活动，但观念的养成并非一朝一夕，唯有从生活中一再强化孩子对身体界线的认知，才能防患于未然。

2~4岁

第十四章

"我不想跟你玩！"懂得拒绝之道太重要

尊重是条双向道，当别人说NO别硬闯禁区

在德国，幼儿教师和家长一致认同孩子懂得拒绝他人很重要，是自我意识萌芽的开端。

孩子从决定生活中大小事的经验养成思考的习惯，知道表达不同意见是很正常的事，跟有没有礼貌、尊不尊重他人不能一概而论。

班上的亚寇在1岁半的时候入园，在入园之前他并未参加任何的幼儿游戏课程（play group），因此在适应期过后仍然很依赖主要的照顾老师克劳蒂雅，到哪儿都寸步不离地跟着她。班上几个大孩子一看到新来的小小孩都争先恐后地想靠近，一会儿有人递玩具给他，一会儿有人想牵着还走不稳的亚寇到处晃，可爱的亚寇显然是班上的新宠儿，非常受欢迎。然而，生性敏感的亚寇却对幼儿园全体的欢迎热浪有点招架不住，常常只要别的小孩稍微靠近他，就会紧张地大哭起来。对此时的亚寇来说，能让他感到安心的只有两件事，一个人安静不受打扰地在角落玩，或是坐在老师身边。

PART 3

温和的幼儿突然情绪爆发，妈妈的反应却是："我替他感到开心。"

老师们全然接纳他怕生易感的天性，让他顺着自己的脚步一步步地踏出去适应环境，几个月过去，他对闹哄哄的自由玩乐时间已不再害怕，在一堆孩子的吵闹声中也能怡然自得地坐在地板上一个人玩。之后又再过了几个月，此时的他已经会主动对其他孩子玩的事物感兴趣，虽然仍不会加入一起玩，但会凑近去看。终于，亚寇也跳过新生阶段，脸上总是挂着笑的他现在已经2岁多了，看到同学老师会亲切地打招呼问好，老师们心中的亚寇温和且友善，我们却在某一天看到他的大转变。

事情发生在午餐前的自由玩乐时间，当天外头的风雪颇大，所以班上孩子并没有外出，全班都留在室内各玩各的。亚寇当时正专心地在木制厨房玩，班上比亚寇大上几个月的赛门突然没头没脑地把双手搭在亚寇肩膀上说："火车来了！我们一起来搭小火车！"一边说一边硬推着亚寇前进。原本一人在厨房里玩得好好的亚寇，显然不是很情愿，把赛门搭在他肩膀上的双手甩开后，躲在厨房的另一个角落不想搭理赛门。赛门不知是明知故犯还是神经太大条，就是硬要把手紧贴着亚寇，亚寇满脸不悦地用手挥说："Stop！"赛门却依然嘻嘻哈哈地闹着小他半头的亚寇。

站在一旁观察的克劳蒂雅和我，以为过不了多久亚寇就会如往常哭哭啼啼地请老师前来救援，没料到此时亚寇已经非常生气，他像是使出全身的力气般使劲地对着赛门嘶吼："我不想要玩这个！走开！"

克劳蒂雅看到暴怒的亚寇急着去安抚，也想把他之前玩到一半的锅子递给他，亚寇却气得煞不住车般地完全不领情，撇过身闪躲克劳蒂雅的拥抱不说，一手拿了锅子却又气得把它用力甩丢在地上。

我目睹整个发生经过，惊讶地说："哇！我之前没看到他有过这样的反应。"

克劳蒂雅点点头："没错！除了会笑会哭会害怕，亚寇已经开始会生气地说不，这是他最近刚学到的情绪体验！"

"我真替他感到高兴。" 克劳蒂雅的脸上扬起了一个大大的微笑。

下午亚寇妈妈来接他的时候，我提起这件事，同样有教育专业背景、在德国小学任教的亚寇妈妈听了笑着猛点头说："大概是从几个礼拜前开始的，他开始会表现不满的情绪，有时不顺他的意还会瘫倒在地上，就是要告诉我他非常生气。"她接着说，"之前一直听到老师们说他在园所里很安静，现在他能够在幼儿园懂得大声说不，代表他已经真正融入团体生活了。"她欣慰地说了句："我替他感到开心。"

孩子懂得说"不",为自己发声,才算真正踏出独立的第一步

——孩子从决定生活大小事中养成思考习惯,知道表达不同意见是很正常的事

除了开心、难过和害怕,幼儿随着年纪增长会有更多复杂的情绪。在不同情境下,他们也会觉得生气、失望、惭愧等等。虽然说德国幼儿园里对生活常规的要求相当严格,但培养孩子的自我表达能力一直是重点学习目标之一。举凡活动参与意愿、进食多寡、是否进行午休和如厕训练,我们都会询问孩子的意见,他们也很习惯地清楚表达自己的喜好。**孩子必须懂得拒绝做自己觉得不喜欢或不舒服的事,学习如何判读情况来做反应,这是团体生活里必修的一门课。孩子能为自己发声,才算真正踏出独立的第一步。**

然而中国的传统教育向来赞扬听话与顺从,孩子们在教育过程中常被迫接受大人的一切要求。对大人说"不"常被视为"以下犯上""没大没小",因此孩子习惯漠视自己内心的声音,他们知道只要保持安静并低头不语,就能安全地免于责难,却也因此缺乏表达自我需求的陈述能力。到了长大之后,很容易会以赤裸裸的情绪抛出内心的需求,而不懂得借由恰当的语言表达自己的感受,与他人进行有效且正面的沟通。

在德国,无论是幼儿教师还是家长,他们一致认同孩子懂得如

何拒绝他人的要求是一个重要的成长进程，这是孩子自我意识萌芽的开端，他们借由生活中决定大小事的经验养成思考的习惯，知道表达不同意见是很正常的事，这跟有没有礼貌、尊不尊重他人并不能一概而论。

尊重对年幼的孩子是一个非常抽象的概念，他们无法透过大人简单笼统的解释来了解其中涵义，但是每天的生活经验会告诉他们，有哪些言行举止绝对不会被接受，而哪些事情他们有权利表达不同意见。在德国幼儿园里，孩子可以自行决定的事情很多，被设限不能做的事情很少。但是，只要是经过全体老师开会讨论决定后定下的生活常规，就是全体适用的铁则，就算在家长面前也绝不破例！

在尊重孩子的同时，也要教他尊重他人
——互给沟通的空间，才能让孩子体悟尊重的真正意义

严格坚守底线的原因在于，我们要让孩子知道：你要做自己很可以，你偶尔不同意老师的想法也OK，但是就如看见红灯就不该硬闯的概念，当幼儿园制定了规矩，就代表除非不得已否则谁都不应该莽撞地打破原则。尊重孩子的同时也要教他学会尊重他人，彼此互给沟通的空间，时收时放，才能以身作则让孩子体悟尊重的真正意义。也基于这个原因，**大人定下的规矩不能太多，只要不违背大原则，家长或老师在某些小事上通融妥协，尊重孩子反驳你的意见，其实是以退为进的妙招。**

例如：孩子可以选择不吃午餐（选择），但必须等其他人用餐结束后才能离开座位（原则），或者2岁半以上的孩子可以选择不午睡（选择），但只能进行阅读或拼图等静态活动（原则）。有一回午休时间，2岁多的赛门坚持要穿着长袖外衣睡觉，老师凯莎怎么劝都不愿意把衣服脱下来，明明知道他穿着午睡醒来一定满身大汗，凯莎看他坚持得满脸通红几乎快哭了，终于举白旗认输。事后她说："穿什么衣服午睡对我来说没有那么重要，如果孩子自认这样穿能睡得更好，我为什么不相信他？我觉得大原则是午休时必须躺下不打扰其他人，但他若坚持要这样穿着睡我则没有意见。"

很多家长甚至老师，林林总总地定了一堆规矩，多到自己也记不清，所以执行起来的时候常常不一致，孩子也模模糊糊地不知从何遵守起，更糟的是，不管大事小事，都打着为了孩子好的名义全权独揽，无形中徒增与孩子之间很多无谓的争执，孩子越大反弹会更大，因此绝对的威权在教养上并没有加分作用。

相关研究一再显示，**强权式的虎妈/虎爸教育法长期下来会造成孩子的自尊心低落**，当孩子长大后，便转而向外寻求同侪间的认同与情感支持来提升自我价值感，也更容易顺服于朋友或同学的压力。他们面对不同意见时，往往缺乏坚持己见的勇气与自信。

孩子懂得说"不"后的进阶目标：使用适当的表情、肢体动作和语调，不伤害别人的感受

2岁的亚寇学到了说"不"，他清楚拒绝了另一个小朋友的要求，但等他再大一点，他也会意识到，"拒绝"不能只靠愤怒和吼叫，不然很快就会没有人愿意跟他做朋友。因此，**老师和家长在此阶段的责任在于教导孩子"有礼貌不代表不能有不同意见"，让他们知道拒绝别人不能只靠情绪和蛮力，也牵涉到思考能力和语言技巧**。其实，拒绝最难的部分是如何用适当的表情、肢体动作和语调，拒绝得自信有礼也不伤害到别人的感受。

我们可以教孩子几个说法，来温和地拒绝他人为难的请求。例如：

（1）**拒绝得简单清楚**："不要，我并不想这样做。"或是"不用了，谢谢。"必要时可以稍微加重语气并重复句子来表示态度。

（2）**提出反问或建议**："为什么你想要这样做？""我觉得打球还比较好玩！"

（3）**以幽默自嘲的方式来化解拒绝时的尴尬**：虽是玩笑话，但也教导孩子向朋友表达自己的顾虑，如"我如果这样做被我妈发现，大概三个月都不能出来玩了。""你说对了，我本来就是胆小鬼。"一起跟孩子模拟情况来做对话练习，让孩子懂得拒绝！

PART 3

2个诀窍，强化孩子面对拒绝的能力

从另一个角度来看，孩子学到了如何拒绝别人，清楚表达自己的意见固然重要，但是否能够承受他人的拒绝，试图理解对方的立场且不做多余的情绪反应，显然是更进阶的一个情绪课题。如果孩子提出的要求受到拒绝后总是闹得人仰马翻绝不善罢甘休，家长可尝试以下几个诀窍强化孩子面对拒绝的能力。

诀窍1 延迟满足，适时给予孩子机会锻炼"稍待片刻"的耐性

拒绝多半只是一时，懂得"稍待片刻"的人，人生会走得更顺利。在大多数的情况下，大人拒绝孩子的要求，是因为当下不可行而不见得是全盘没得商量。因此，大人要适时给予孩子机会锻炼出"稍待片刻"的耐性，而不是孩子一闹就不分轻重缓急立马双手奉上。**如果孩子想要的马上就要得到，而他也总是马上就能得到，他自然没有办法承受他人的拒绝，就算只是一时的。**因此，我们可以多花点心思，让孩子知道，有趣的事情是值得期待的。譬如，大人在厨房煮菜，孩子吵着要人说故事，这时大人说的"等一下"，对还不会看时间的孩子来说几乎是全然陌生的概念，他所理解到的就是"我要你现在陪我，但你说现在不行。"

为了让3岁以下的孩子也习得"稍待片刻"的生活必修学分，我们幼儿园的老师在讨论过后，决定用沙漏（hourglass）来训练孩

大沙漏教孩子学会延迟满足。

子等待的能力,短则五分钟,长则有十五分钟的大沙漏来应付各种大小不一需要孩子等待的状况。这对两三岁的小小孩来说十分管用,因为时间对他们来说还是太抽象,而沙漏可以让时间变得可感,我们会跟孩子说:"请等一下,等沙漏的沙子漏完,你再跟凯特老师说,我们就可以一起说故事啰!"这时孩子就会正确解读大人的"等一下"其实是"稍待片刻,马上回来"的意思。至于3岁以上大一点的孩子,不管是吵着买玩具,或是吵着要去动物园玩,如果不是完全不可行,家长可以说出一个双方都能接受的日期范围,以划掉月历上已过日子的方式,来让等待不那么漫长。

诀窍2 在不同情境引导孩子去同理他人的感受

我的蜜糖,也许是别人眼里的苦茶,理性地接受拒绝需要同理心。有的孩子不是没有朋友一起玩,却总是找不到特别要好的朋友。问题可能在于孩子对生活情境和他人情绪的洞察力还不够成熟。换句话说，孩子还不太能掌握所谓"察言观色"的能力，此项能力让双方都省去耗费唇舌和时间，是社交技巧里不能不懂的人际润滑剂。毕竟，不管是拒绝别人或是被拒绝都称不上是一件令人心情愉悦的事。孩子只满心欢喜地"想要"，至于要学会去顾及到别人的意愿并予以尊重，则有赖家长和老师在不同情境引导孩子去同理他人的感受。

举例来说，有一天孩子们在花园里骑波比车，班上4岁的玛丽突然在围墙上发现了一只可爱的小瓢虫，她小心翼翼地用指腹轻轻将它取起，兴奋地靠到我身边说："凯特你看！是瓢虫！"几个孩子也跟着过来围观，这时候平时常和玛丽玩在一块的莎拉却躲在我的身后。玛丽见状，便走近想与莎拉分享她的"猎物"，就那一瞬间，莎拉拉高分贝尖叫大哭说："不要！我不要！"玛丽似乎完全不能明白莎拉的尖叫是为哪桩，"是瓢虫喔！"她强调，"很小一只。"然后手指突然就要伸到莎拉眼前，硬要她看。

我立刻制止玛丽的举动，因为莎拉当下的情绪并没有办法好好自己处理，我告诉玛丽："你听到莎拉说不要了吗？她很害怕昆虫，记不记得上次有苍蝇飞进教室，然后莎拉在哭，一直到凯莎老师把苍蝇赶出去为止？"玛丽点点头，补充说："但我觉得瓢虫很可爱。"我告诉她不是每个人都喜欢一样的事情，我反问她："前几天我们在院子里玩水（充气小泳池），大家都玩得很开心，但你是不是说你不想玩？如果有人硬把你拖进泳池里，你开心吗？"玛丽是个聪明的小女孩，她摇摇头，我知道她听懂了，尽管这并不代表她不会再犯同样的错误,但德国幼儿园里不强调一致的团体活动,的确使孩子对于个体性情差异的理解有着不小的帮助。他们从日常活动的选择中,会比较容易理解不是每个人喜欢的事物都一模一样,**当大人不强硬事事逼着顺从,孩子的情绪被理解后,他在同理他人情绪方面的能力也会跟着提升。**

除此之外,日常生活中,当孩子觉察他人情绪并做出反应时,应给予口头肯定。孩子告诉我们"提欧多在哭",同时轻轻摩挲正在哭泣的孩子试图安抚时,我们除了正面响应,可进一步点出可能的解决方法:"提欧多刚刚跌倒在哭,你会帮忙安慰他,你做得很好,也许冰敷袋(Ice Pack)会让他好一点,你可以帮我去厨房向米拉老师拿吗?"引导孩子不只觉察情绪,也进一步参与协助,会让孩子体会助人为快乐之本的真谛,同时更懂得留意他人感受并做出适当的响应。

注意事项

给予孩子自由空间,也要同时教他自律

尊重孩子,孩子也会因而学会自重,并尊重他人。不过千万别忘了,**尊重孩子的意愿并不等同于将其意愿照单全收,给予他自由的选择空间,同时也得教导孩子自律并不强踏他人的底线。**有所坚持,孩子才会谨慎思考每个选项背后的得失,并从生活经验中明白尊重的真正意涵。

第十五章

"他是谁？"欢迎新生的情绪暖身操

一同谈论家中/幼儿园的新成员，巧妙调节幼儿的嫉妒心理

> 我们可以透过打情绪预防针的方式与孩子沟通，提供较大的孩子力所能及的小任务，让他们透过各种欢迎新生的方式持续与我们互动，并得到正面回馈，这会有效降低孩子对于班上新成员的陌生感。

班上的葆拉在1岁7个月时入园，由园所里的南非籍老师克劳蒂雅负责照顾，甜美温柔的克劳蒂雅在一个月的适应期里无微不至地呵护着她，几乎走到哪都抱着葆拉，就连午睡时间葆拉哭闹不休时，她也紧拥在怀里哄至孩子入睡才松手放到床上。

一个月的适应期很快过去了，葆拉已经可以在校门口跟爸妈挥手说再见，但一进入园所的葆拉却寸步不离地黏着克劳蒂雅，只要她一离开教室，葆拉就会放声大哭，任谁来抱来哄都没有用。在葆拉的眼中，克劳蒂雅老师是心中的唯一（the one and the only），她会哭闹到克劳蒂雅出现为止。正确说来，也或许是温柔的克劳蒂雅舍不得让孩子因她而哭，常常一听到哭声就急着折返回来安抚葆拉，一来一往之间，两人的依附关系更加牢不可破，但我和园所里的其他德国老师却开始担心起来。

心爱的老师被"新来的"抢走了！不只新生有适应问题，其他学生也有

德国幼儿园多数采纳的柏林适应模式，为期四至六个礼拜不等，在新生入园时由固定一位老师照顾陪伴并安抚孩子可能的不安情绪，大致上头一个礼拜会让家长陪同入园，之后视孩子的情况逐渐增加他单独留在幼儿园里的时间，一直到完全适应为止。老实说，这方法的确能很快地缓解新生的入园焦虑，但是就像所有爸妈终究得学会放手一般，主要负责照顾新生的幼儿教师在一个多月的适应期间，若只单向跟新生加强情感连结，而没有适时制造孩子与幼儿园里其他老师的相处机会，新生就不能算是真正地融入幼儿园的团体生活。

期间我跟几位德国老师一再提醒教学资历尚浅的克劳蒂雅，过度保护孩子并不能真正让孩子建立安全感，她可以陪伴但不要整天寸步不离，葆拉可以自己坐着玩就尽量不要全程抱着她，她才有机会跟其他孩子和老师接触并建立信赖感。因为离不开羽翼保护的孩子，无法学会如何展翅飞翔。

克劳蒂雅嘴上说好，却似乎很难做到，她越想放手，葆拉就越发哭得厉害，我们只好比照适应模式，慢慢地缩短克劳蒂雅和葆拉的相处时间，几个礼拜后，葆拉已经可以接受我们的陪伴与拥抱。

PART 3

但又过了一个月后,克劳蒂雅有另一个由她负责照顾的新生入园时,还是陷入蜡烛两头烧的窘境。

克劳蒂雅这次接手照顾的新生是已满2岁的卡尔,有了我们的提醒,她开始知道照顾新生时不能只是一味哄抱,只求孩子不哭就好,这期间温和且有技巧地带领孩子融入幼儿园生活也是幼儿教师的责任之一。但是,原本就与克劳蒂雅相处时间慢慢变少的葆拉,却又再度变得黏人,只是这回克劳蒂雅真的是心有余而力不足,只能暂时以安抚卡尔的分离焦虑为主。

但任谁都没想到,不管是年纪还是个头都比卡尔小的葆拉,却开始出现肢体攻击卡尔的行为,而且强度越来越高,一开始会拉头发,再来会没来由地推撞他,有一次甚至用她细小的手腕从卡尔身后勒住他的脖子!如果不是亲眼看到那个景象,我实在没办法想象还不满2岁的幼儿,竟然会使出格斗界的招数!

葆拉对于新生卡尔的种种不友善对待,使得卡尔的适应状况增添了一个变量,也使得克劳蒂雅心力交瘁,不知如何解决现况。最后在几位老师的沟通与合作下,才扭转那时失控的局面。也正因为这个原因,之后每当有新生要入园前,除了与家长会谈沟通注意事项和园所规定,我们会多增加一项准备工作,那就是**提早一个礼拜,老师们每天花点时间,向园所里的小孩介绍即将入园的新生。**

检讨过后发现,我们若等到新生入园当天才向幼儿园的孩子介绍认识新朋友的方式,实在有点唐突躁进,导致有些刚过适应期没多久的"前新生"情绪上难以接受,感到困惑甚至开始出现吵着吸奶嘴、爬行等退化行为来引起老师的注意，于是几番讨论之后，幼儿园也开始针对新生入园对其他孩子可能造成的行为反应采取对应的措施。

情绪预防针教孩子不因争宠而闹情绪。好奇与不安转个向，让爱萌芽

"下个礼拜一，我们的幼儿园会有一个新朋友要来喔！"德国老师凯莎在午后挑了个空档时间，向园所里的孩子介绍新生。

她拿了个图板，一旁是新生奈维的照片裁切成的拼图，这是我们几个老师一起集思广益设计出的小游戏，让孩子一片一片地将照片拼凑还原，大家总算看到新生的庐山真面目。

"这是奈维，他是一个小男生，会由我负责照顾他。"

"他是个小宝贝。"班上的玛雅马上急着补充。

"是的，奈维才1岁3个月，他还是个小小男孩。"凯莎笑着说。

"他会走了吗？"3岁的米兰问。

凯莎回答："奈维已经学会走路了，但是他还没办法走得很稳，等到奈维来了，有没有人愿意帮忙牵奈维的手？"

一听凯莎这样问，班上的几个大孩子都举起了手。

"很好。谢谢你们愿意帮忙。"凯莎又继续问，"奈维还小，会有许多地方需要我们帮他，你们想想还有什么事是我们可以帮他做的？"

孩子们面面相觑沉默了一会儿，最后4岁的米露举手说："我可以帮他拿鞋穿鞋。"

"你真是个好姐姐，因为奈维还没有办法自己穿鞋对吗？"凯莎赞美。

"我可以帮他收拾玩具。""吃饭后我可以帮他擦脸。"几个孩子也接连着回答。

"这些方法都很好。奈维会很开心有这么多友善的哥哥姐姐来照顾他。但还有一件事情很重要，就是凯莎老师因为照顾奈维，所以当你们有事要跟我说，或是想听我讲故事，有时候就需要等一下，大家可以做到吗？"

孩子们应声说好，其实几个老师清楚知道，单靠一段温情喊话不太可能使全班年龄不一的孩子都不争宠，但至少我们可以透过打情绪预防针的方式与孩子沟通，也提供班上较大的孩子能力所及的小任务，让他们透过各种欢迎新生的方式持续与我们互动，并得到正面回馈，而不只是忽略和孤立，从而有效降低孩子对于班上新成员的陌生感。对于2~3岁的孩子，我们则尽量在新生适应初期有父母陪同入园时，找机会让园所里的孩子轮流跟新生一起玩。

我在德国幼儿园里的娃娃游戏区观察到一个挺有趣的现象，这里一共有六七个大小肤色各异的婴儿娃娃。有时候孩子在这个区域玩到一半时会突然大喊："这是我的娃娃！"我原以为这是孩子们互抢玩具的说词，但后来我发现，原来孩子们一开始可能真的只是随机拿了娃娃就玩，但日子久了他们各自会有特别投缘的婴儿娃娃。不过因为娃娃一共七个不等,一旦自己心中认定的婴儿娃娃被他人抢先一步拿去玩,"这是我的娃娃"的说法就会脱口而出。因此,"一回生,二回熟"的道理对他们也是适用的。有新成员加入时,家长和老师可以尽量创造两个孩子相处的机会,请大孩子帮忙弟妹递尿布、选衣服,以"团队协作"的方法引导孩子消弭心中的不安与嫉妒。

家有新成员报到,爸妈消除孩子不安的3个建议

幼儿园的孩子都会对新生瓜分走老师的注意力而感到不安,更何况面对新生弟妹出生后,对于家里原本只以他/她为重心的爸妈突然必须学着跟人分享,原本的生活步调因为另一个宝宝的到来多少有些改变,不少爸妈就算两人齐力分工也累瘫到几乎挤不出笑容,这时候孩子难免会有情绪不适的问题。以下是给爸妈的贴心小提醒:

建议1 必要时提前换棒,但必须给孩子"单人独享"的亲子时间

如先前所举的幼儿园例子,如果爸爸或妈妈任一方与孩子有较深的依附关系,请尽量在第二胎出生前,渐进式地将部分育儿责任交给另一半分担。举例来说,也许孩子每天睡前都要听妈妈念床边故事才肯入睡,这个睡前惯例在弟妹出生后可能变得难以执行,不妨事前跟孩子沟通与计划,一起去图书馆或书店选书,然后将"说故事时间"挪交给爸爸负责执行。

同时,为了避免孩子觉得失宠,原先的主要照顾者可以依实际

情况调整跟孩子一对一的亲子活动时间。绝对不能省略的是，不时地以言语和拥抱来告诉孩子你爱他。

建议2 帮助孩子融入照顾新生儿的家庭生活

新添一个家庭成员，对于幼儿园学龄的孩子来说，需要些许时间适应是可预期的反应，因为这时期的孩子对爸妈仍存有很强的依赖感。因此，除了可以向孩子询问简易的问题意见，如"你觉得帮弟弟买哪一件外套比较好？"，无法实时响应孩子要求的时候，与其对孩子说"妹妹年纪还小，妈妈要先喂她喝奶"，不如说"等妹妹先吃饱了，我们等下再一起玩积木"，让孩子知道虽然活动安排有略微调整，但爸妈不是不愿意花时间陪伴他。

建议3 宝宝出生前和出生后，请幼儿园的老师一起共同合作，力量会更大

每当班上的小朋友有新生弟妹出生前，园所里的老师都会花时间和几个班上已有弟妹的大孩子们坐下来一起讨论，关于家中弟妹出生后的状况，他们如何帮忙爸妈照顾小宝贝，有哪些好玩有趣的事情。透过班上的团体讨论，孩子对弟妹出生后的状况会了解得更具体，透过其他小朋友的经验分享，也比较能去接受刚开始小宝宝需要大人无微不至的呵护才能慢慢长大，所以爸妈陪伴的时间会减少的事实。

再来，宝宝出生后，热情的祝福和问候铺天盖地而来，不只家

里来看宝宝的亲朋好友络绎不绝，幼儿园里的老师们也总是兴奋地追问着孩子关于宝宝的事情，这些密集而强烈的问候即便是出于喜悦，还是会让有些孩子觉得难以招架。而且大人关注的对象永远是家里的宝宝，去看的也是宝宝，拿到礼物的也是宝宝，开口问起总是围绕着家中的那个弟弟/妹妹时，孩子不安的情绪就很容易高涨至警戒线。因此，宝宝出生前可请幼儿园的老师借由全班的开放性讨论帮助孩子做心理调适，而在宝宝出生后，园所里的老师们和周围亲友对孩子和新生儿的反应最好也能保持平衡，一面倒的热情很容易使孩子觉得受到冷落。

其实，就算是独生子女，也会因为希望得到关爱而产生嫉妒感。有时嫉妒感的产生不见得是爸妈真的对另一个孩子给予较多的注意力，而是孩子感受不到爸妈"足够"的关爱才产生嫉妒感。即使爸妈自认给予孩子同等的爱，但对于以爸妈为世界中心的孩子来说，被瓜分掉一点点的陪伴就是大匮乏，因此在展开家庭新蓝图之前，陪孩子认识自己的新角色，倘若孩子愿意，从分派给孩子能力所及的照顾弟妹任务做起，以鼓励代替责备，在爱的能量中，孩子终会为自己的成长感到骄傲。

4~6岁

第十六章

"我不想穿外套！"衣橱里的拔河赛

4岁不学穿衣何时学？与孩子开放讨论穿衣规定

如果衣服穿搭是大人自我形象的一种表达方式，对孩子也是同样道理。

穿搭这件事，在德国幼儿园里几乎全凭孩子的自由意志决定。

孩子借由尝试了解自己的喜好与适合自己的衣服，逐步勾勒出自己感觉舒服的样貌。

"不好意思！艾力克斯为了要穿什么衣服来幼儿园，折腾了一早上，所以我们才迟到。我们不是没给孩子选择，但他偏偏就选了长袖泳衣，我怎么可能让他穿出门？"

"原以为2岁不到的阿瑟还不到在意穿着的年纪，没想到他介意得很！连颜色不对都会闹！"

"安迪亚娜坚持要穿着雨鞋来。总之，我投降了。"

每天早上的幼儿园接送区总会接获几宗家长的投诉案件，抱怨一早光是为了孩子的穿衣问题就伤透脑筋。上个礼拜很喜欢穿的衣服，这个礼拜完全不买账，袜子拆散随机配，或是硬要穿与天气不符的衣物出门，到处是踩不完的地雷，一早就在轰隆隆的炮火声中奏起晨间乐章。

自己的衣服自己决定，在德国幼儿园里穿搭全凭孩子自由意志决定

之前提过，德国幼儿园不穿制服，幼儿园对孩子的衣着规定也只有几个基本要求，其他的则不多限制。举例来说，雨天想玩水洼就一定得换上雨衣雨鞋，夏天戴上遮阳帽，下雪的时候毛帽外套则不能少，同一件衣服不能连续穿上一个礼拜不换洗，只要符合安全卫生干净等原则，幼儿园老师其实很乐见孩子每天的穿搭实验。

因此，在一般的天气条件下，如果孩子嚷着不想穿外套或戴手套，老师们也不会硬要孩子穿戴着，让孩子学会自己穿衣穿鞋一直是幼儿园的重点学习目标之一。在孩子学会这项生活自理能力之后（通常3岁左右的德国小孩穿脱衣物都不成问题），外出时幼儿教师就不会针对该穿什么衣物多做提醒，大孩子们都知道就算穿上也可以再脱掉，把衣服带着备而不用也是种方法。**自己的衣服自己决定，穿搭这件事，在德国幼儿园里几乎全凭孩子的自由意志决定。**

幼儿园里的几位老师也曾经对于孩子穿衣造成家长困扰的情况，在开会时提出来讨论，其中最资深的德国老师米拉就说过一段话："其实，穿什么衣服对孩子来说也没有那么重要，但是家长越极力阻止，孩子就越容易被激发出莫名的坚持，这是这年纪孩子的天性使然，只要孩子健康安全快乐，穿什么衣服上学真的只是小事一件。"

PART 3

她以自己的女儿乔伊斯小时候发生过的一件趣事为例:"乔伊斯小时候也很倔,每天上幼儿园的时候穿什么衣服都一定要自己决定,那时她4岁了,所以我通常也都由着她,但是某一天早上她坚持要穿连身睡衣(Onezie)去上学,我就没办法不说话了。"

"那你怎么跟她说?"我笑着问。

"我当然说穿那件不行啊!那是睡衣耶!我说穿成这样去幼儿园一定会被笑,活动起来也不方便,她却斩钉截铁地说不会!"米拉回答。

"后来呢?"我追问,"她真的穿睡衣去幼儿园吗?"

"有啊!我的话她不相信,我就懒得再多费唇舌,她要穿出门就让她穿。"米拉继续说,"不过等她到了幼儿园,看见其他孩子的反应就后悔了。"

"可怜的乔伊斯,她一定很沮丧。"我着实非常同情。

"她其实就是在跟我拗,如果我一开始对睡衣的反应不那么激动,也许她也不会坚持硬要穿去上课,依我对她的了解,最后她穿着睡衣去幼儿园赌气的成分居大。"米拉苦笑着说。

"很少父母能做到看着孩子穿睡衣去上学一声不吭吧?"我说。

"没错!是很难做到。"米拉说,"但经过那次经验,不只是乔伊斯学到要看场合穿衣服,我也学到别任意批评孩子的穿着,因为只会适得其反。必要时给点中肯的建议也就够了。我想,如果衣服穿搭是大人自我形象的一种表达方式,对孩子也是同样道理。我们在镜子前左思右想一早上才挑选好的衣服,被别人批评说'去换件好看一点的！'，心里应该也很不是滋味吧！"

"这么说也是，"另一个德国老师凯莎加入讨论，"大人其实不需要替孩子担忧，孩子在每天的团体生活中会有自己的观察和感受，他们终究会去拿捏衣服穿搭的尺度。"

"正是如此。"米拉附议，"经过那次睡衣事件，我们几乎不曾再为了她的穿衣问题起过争执。"

"还真是一劳永逸。"我笑着说。

"倒也没那么轻松。到了15岁时她有一次想把天生的棕色头发染成金发，没想到染出来的颜色是橘色！"米拉摇着头说，"不管衣服还是头发的颜色，我学到的是，大人的态度越放松，孩子才越愿意让你进入可以讨论的空间。"

幼儿园里的四季试衣间，是孩子的小小时装伸展台
——模仿跟想象的过程，能帮助孩子建构抽象思考能力，并学习不同社交技巧

3岁以上的大孩子，光是替娃娃换装已经无法满足他们对装扮的渴望，因此幼儿园里有一个专属房间供他们做角色扮演。房间里有一个小衣柜和试衣镜，衣服款式琳琅满目，有消防员的衣服、中古骑士、迪斯尼公主、印第安人、建筑工人的荧光背心和安全帽、医生和护理师服装，还有企鹅青蛙等动物连身衣。有时毕业生的家长也会捐出孩子已经穿不下的二手衣服和万圣节服装，因此衣柜里

的衣服也会随着四季替换，让3岁以上已有基本衣服穿脱能力的孩子进行穿搭练习。

约略十平方米大小的试衣间有人数管制，每次最多只能进去四人，孩子通常都会成群结伴地一起玩换装打扮，女生可以是消防员，男生也能当护理师。在模仿跟想象的过程中，不仅能帮助孩子建构抽象的思考能力，也可以透过与其他小朋友的互动，学习不同的社交技巧。

四季试衣间的最大妙用在于它的存在提供了师生针对衣着穿搭的一个很好的对话场域，不用等到每次要出门时才跟孩子剑拔弩张地争论到底应该怎么穿才合适。孩子也可以练习从五花八门的衣物选项中，一再尝试并从中了解自己喜欢什么、不喜欢什么，又或是喜欢的衣物是否适合穿戴在自己身上，不仅是孩子特有的时尚伸展台，同时也是一场自我形象的探索之旅。当然，好友群对自己的穿着持相反意见的状况也不时会发生，孩子必须学会在两者之间取得理想的平衡点，逐步勾勒出自己喜欢且感觉舒服的样貌。

我记得有回探头看见试衣间里有三个平均年龄5岁的小女生正煞有其事地一会儿讨论要去上班，之后又一起去购物，最后要去公园玩的模样。我打趣地问其中一个穿着纱裙的小女生乔安娜说："你们如果要去公园玩，穿着蓬蓬裙（Tutu）不会不方便行动吗？"

乔安娜看着我，反问我说："为什么会不方便？我平常都是穿着裙子跑步和荡秋千啊！"

我笑着说："跑步当然没问题，但是公园里树枝很多啊，你爱的纱裙很有可能会被树枝勾破喔！"

站在一旁的两个小女生听了我的话，又去衣橱里翻了翻，挑出一件牛仔式的棕色长裤说："还是你换上这一件？"

乔安娜看了一眼，似乎不是很满意这个提议。

我看她有点苦恼，便说："要穿的人是你，你得自己思考穿着蓬裙去公园到底适不适合！"

乔安娜想了一下，笑着回答我："勾破也没关系啦！这样之后我每次去公园玩就都穿着它不就行了！"

我愣了一下，搞清楚乔安娜想传达的是"旧衣服可以拿来当工作服"的概念后，忍不住笑了起来。我们有时候在户外玩水彩或粉彩笔时，也会请小朋友带旧衣来换，这么一来就不怕沾满一身颜料。乔安娜的回答不禁让我想到，**有时候大人想替孩子选一条安全的道路走，或是想替他们省掉不必要的麻烦时，我们却往往低估了孩子解决问题的力量，他们的小脑袋里其实自有一套独特的思考系统**，谁说去公园就一定得穿着运动服呢？

在我入幼儿园初期，园所里尚未有四季试衣间的设施，只有简单的小舞台和全身镜。后来，幼儿园局部重新整修过后，校方也请老师们建议需要增添的新设施，几个德国老师都认为光有舞台太可惜，应该隔出一个空间让孩子可以尽情地挥洒想象力与创造力，四季试衣间的想法遂由此而生。它不只是提供了孩子自我穿搭的练习机会，无形中也鼓励了孩子独立思考，提升了他们自我表达的能力和做决定时的自信。

PART 3

四季试衣间不只提供孩子自我穿搭的练习机会,
无形中也鼓励了孩子独立思考,
提升他们自我表达的能力和做决定时的自信。

5岁

第十七章

孩子自暴自弃,家长、老师如何回应

不要轻忽孩子的烦恼,耐心陪伴度过情绪复原期

孩子说"我不喜欢我自己!",除了希望获得大人多一点的关注,也有可能是学习上遇到困难,或是遭到其他小朋友不友善的对待。

无论是哪种原因让孩子出现负面语言,都不建议冷处理。

一个再平常不过的下午,幼儿园的接送区满是前来接小孩的爸妈,负责应门的德国老师安妮正忙着与家长们交代各家孩子今天的在校状况时,一位打扮端庄高雅的银发妇人突然现身,向我们示意她是班上5岁的里恩(化名)住在伦敦的外祖母。安妮顿了一下,先客气地请她稍作等候,快速地翻了幼儿园里的接送档案,发现上面有特别注明这周会由外祖母来接里恩,核对身份资料无误后,外祖母跟老师表示想直接去教室给已经快两年没见面的孙子一个惊喜。安妮于是请我把外祖母带去教室,我应声说好,心想既然是惊喜,里恩肯定也不知情。

到了教室,她环顾了一下四周,嘴角扬起一抹极为灿烂的笑容后,便径自向正在吃点心的孩子走去,喊着:"我的里恩,你这个有着全世界最迷人笑容的小男孩，真是想死我了！"她眼前的孩子腼腆地笑着，困惑至极地望着我，我一时还找不到正确的语汇来解释时，一向快人快语的米拉老师已笑出声，说："这个有着全世界最迷人笑容的男孩，并不是你的孙子。"

"什么？"外祖母听了完全愣住，"这孩子不是里恩？"她转头看我。

我只好苦笑着摇摇头，指着另一个表情淡然的孩子："里恩在那里。他才是您的孙子。"

里恩的外祖母这才恍然大悟：原来，她认错孙儿了。

尴尬至极的气氛中，里恩的漠然与外祖母满溢的慈爱形成了一个强烈的对比。他被外祖母接走后，米拉默默地叨念了一句："今天是保姆来接，明天可能变成管家，这回是久未谋面连孙子相貌都认不出的外祖母来接回家，里恩在团体里老是显得格格不入或许不是没有原因的，他太没有归属感了。"

孩子的失控言行，往往藏着一颗基本需求不被满足的心

里恩入幼儿园的时候，尚未满4岁，德语程度是零。父母皆是英籍印裔，他还有一个弟弟，父母两人常因工作繁忙而不见人影，连家长会或其他校方举办的节庆活动，都是由雇用的保姆或管家代为出席。里恩在幼儿园里没有特别要好的玩伴，也因为在团体中他常会故意捣蛋来引起旁人注意，所以大家都不喜欢跟他玩。

例如，中午吃完饭后去刷牙，他会故意在漱口时吐得旁边小朋友满脸，再嘻嘻笑地跑回来，或是把他人建好的乐高城堡一脚踢倒。除此之外，他在幼儿园严重挑食，每天的午餐几乎都是原封不动地放回餐车。初入园时负责带他的安妮因此头痛得很，但不管是跟管家还是保姆反映似乎都于事无补，好不容易有回终于请到妈妈来学校面谈，安妮向妈妈反映这可能是孩子想要引起注意，渴求多一点陪伴与关爱的行为时，妈妈却不以为意地说了句："我知道弟弟出生后他变得有点敏感，但我的时间就这么多，他需要多一点关爱，那谁来多给我一点关爱？"

如果不是后来的种种事件让我亲眼观察到里恩父母的态度，我还会像一开始时那样只觉得这可能是老师夸大的转述。有次早上妈妈难得送他来上课，说再见时，里恩依依不舍地抱着她不肯放，妈妈在他头上轻柔一吻说："我爱你。"原本该是温情满分的一幕，里恩抬起头，竟笑笑地对妈妈说："但是我不爱我自己。"

当时还有其他家长在接送区，除了我，相信他们当中的几位也应该听到这段对话，虽然大家都装作没听到继续忙着眼前的事，耳朵却打得更开了。

"亲爱的，你怎么这样说呢？"里恩妈妈听到这话有点慌了，紧紧抱住他说，"你要知道我和爸爸都很爱你。"

"但是我还是不爱我自己。"里恩说得很清楚，像是要大家都听到他心里的话。

"亲爱的，你这样说我很伤心，不要这样说。"里恩妈妈或许也意识到大家都在看她如何回应，只好说，"我们回家再谈好吗？妈妈今天会早点回家。"

里恩只是紧紧抱着妈妈，没有回话。

然后，我又听到一句令人难以置信的话："亲爱的，妈妈开会快要迟到了，你这个拥抱也可以给凯特老师。"

我没听错，这绝对是未经任何加工原汁原味的对话还原。令我不解的是，里恩的那句"我不爱我自己"只成功拦截到她不到五分钟的注意力，她重整思绪后很快地回到工作模式，知道当下跟孩子再对谈下去也不会有结论，只能断尾求生，先离开再说。

"你这个拥抱也可以给凯特老师。"这句话轰得我整个人都傻了，久久都回不了神，我终于明白，为什么德国老师安妮会对这对家长有这么多的怨言。

终于，在爸妈长期疏于陪伴、对孩子的问题充耳不闻的状况下，里恩不只时常说出超龄的负面语言，然后再责备自己说错话，打自己耳光，脱序行为越演越烈。在一次的艺术创作课中，他拿了剪刀玩笑似地剪了班上男孩的一撮头发，这回一向理性的德国父母也气得不得不向校方反映，毕竟这涉及班上孩子安全的考虑，学校也只好请里恩的父母到校一趟。

校方向里恩的爸妈提出要求，他们之中有一位需陪同驻校社工观察孩子的情况，为期四到六个礼拜，等观察结束后，校方、父母和社工再另外商议应该如何辅导孩子来改善其行为问题。没想到，会谈间里恩的爸妈不认同校方的处置，认为这不过是孩子发展阶段常见的状况，是老师们与其他家长太小题大做，他们的孩子绝对没有问题，因此拒绝配合校方的要求。最后，幼儿园只好以合约里"严重干扰课堂进行，且拒绝与校方合作"为由，强制将里恩退学。

里恩在幼儿园的最后几天，适逢圣诞节期间，外头已下起皑皑白雪，欧洲的冬天暗得快，幼儿园落地窗挂起的灯饰在下午就闪耀得极为美丽。里恩和他最爱的老师安妮坐在学校乐高区的地板上玩，安妮突然问他："今年的圣诞节你知道会得到什么礼物吗？"

"不知道。"里恩耸耸肩说。

"你有什么特别想要的礼物吗？"安妮再问。

他没有回答。

"一定有什么东西是你想要的吧？"安妮说，"我就想要一台新汽车，或是去度假也很棒！"

"什么都可以吗？"里恩问。

"对，假如什么都可以的话，你想要什么当圣诞礼物？"

里恩于是说出他的答案："那我想要爸爸妈妈也来幼儿园接我下课。"

安妮跟我说她永远忘不了那个画面，我相信那天下午如果是其他老师值晚班，5岁的里恩不会如此轻易地说出心里话。其实，**孩子失控的言行，常常来自于最简单的需求不被满足，他们希望被看见、被了解，如此而已。**

PART 3

再富裕的物质生活也不能与爱等价交换，让孩子心有所依

里恩父母给予孩子的爱与付出，我不会质疑，但他们对孩子的情感需求的确过于轻忽。他们是典型的"身在心不在"的职业父母，虽然每天都会回家，教养的大小事却都由管家和保姆代劳。里恩一年到头只有在度假时，才能得到父母全心全意的陪伴，三个礼拜的假期一过又是保姆、管家轮班照顾的状况，他渴望被注意的心情是可以想见的。如果父母长期忽视孩子的需求，这些情绪就可能会透过高强度的失控言行来表现。

幼儿园学龄孩子的负面语言有时只是一个阶段性的行为，不过孩子心中的结若一再被轻忽漠视，问题恐将加剧。大人若发现孩子有负面言语，同时还出现食欲不振、社交困难和自伤或攻击行为，就必须找出行为的症结所在。

孩子说"我不喜欢我自己！"，除了是希望获得大人多一点的关注之外，也有可能是学习上遇到困难，或是遭到其他小朋友不友善的对待。**无论是基于哪种原因让孩子出现负面语言，我都不建议家长故意忽略其言行来冷处理，因为这容易使孩子的不安指数再度升级，以更强烈的方式释出讯息，来找到自己的存在感。**爸妈可以温和且诚恳地响应："我很难过听到你这样说，对爸爸/妈妈最重要的一件事就是你能快乐安全地长大！如果有什么事让你很烦恼，请你一定要说出来，我们一起来想办法。"

此外，除了倾听，大人最好能给予实际可行的建议，过度正面且云淡风轻的回答反而容易让孩子觉得自己的烦恼被敷衍以对。当孩子说"我恨我自己！反正班上也没有人喜欢我！"，家长的回答若只是"别说这种泄气话！大家都喜欢你啊，你会交到很多好朋友的"，就难以跟孩子的情绪同步连结，因为随意的一句话可能就阻断了孩子想沟通的念头。我们不妨说："我懂你的感受，有时候交朋友的确需要花一点时间，你只要对所有的人友善，其中就会有人也友善地响应你，你要耐心地找出适合自己的人来当朋友。"大人的响应会教导孩子如何去梳理自己的情绪，不责怪、不漠视，孩子才能感受到大人的爱与接纳。

关于亲子关系，我一直想传达的重点是，"我的时间就这么多，能怎么办？"跟"虽然我的时间就这么多，但还有什么是我可以做到的吗？"情况相同，然而处理问题的心态却迥然不同。我们无需等待精心安排的假日活动，来增进亲子关系，忙碌的生活里也能捡拾起日常单纯的快乐，回家时把心的速度放慢，把耳朵打开，不管是一场疯狂的亲子枕头大战，或是睡前的手电筒夜光派对，还是简单地在阳台上吹泡泡等等，试着跟孩子一起从日常的小事中找到快乐，孩子心里会清楚知道，虽然爸妈不能时时陪伴，但关爱的心永不缺席。

3~5岁

第十八章

"我长大了吗?"开始思考长大的定义

亲子共同成长,一头栽进童言童语的哲理世界

> 德国幼儿园不教读写,却会审核孩子是否具备升上大班的能力,有些家长甚至主动希望孩子可以不那么快升班,因为孩子在整体发展不足的时候进入大班就读,对他此后的学习生活并没有帮助。

在德国,每个寿星在生日当天准备蛋糕甜点到学校或公司请大家吃是个不成文的礼俗,所以孩子在幼儿园的庆生会,一律都是家长自行包办。小寿星的家长通常一早就会拎着装满各式面包、吉士、火腿、蔬果棒、水果等的好几袋食物来幼儿园给大家当早餐享用。除非是同一天生日,不然幼儿园不搞"本月寿星"一起庆祝这一套,每个小寿星都会在生日当天,坐上特制的生日椅,戴上生日皇冠,幼儿园会送上小礼物给寿星,全班合唱生日快乐歌,接着是气球派对,大家一起热舞欢度生日。

最后,德国老师会用茶包做出小天灯,请小寿星许愿,在茶包天灯点火燃烧后,它会缓缓上升,接着老师会把小寿星整个人举起来,让他/她试着去抓住小天灯的灰烬,期许梦想紧抓在手,终会

成真。

记得几年前班上的孩子埃米莉刚满3岁时,经过了一整个早上又唱又跳的疯狂庆祝,班上大部分的孩子在午休时间都累得几分钟内就呼呼大睡,只有她跟几个大孩子选择不午睡,在教室里玩剪纸游戏。我问她:"下个礼拜你和强纳生两人就要升大班了,你开心吗?"

埃米莉说:"开心,因为我长大了,不是小女孩了。"脸上浮现一抹甜甜的微笑。

我感叹地说:"对啊!你们都长大了,再过几个月就换玛丽和米兰升大班了,你们之前刚来的时候都还不会走路呢!"

埃米莉突然眼珠一转,问了句:"那等我们都离开小班,这里不就没有孩子了。"

我一听不禁大笑了出来,跟她解释:"亲爱的,我们会有新的小朋友进小班啊!就像大班的哥哥姐姐毕业后,你们会进去大班一样。"

她似懂非懂地点点头,又突然冒了句:"我会骑滑步车了喔!"

我打趣问她:"那下礼拜升大班你要自己骑滑步车上幼儿园吗?"

这下她也笑了出来,对我说:"凯特,我还没长到那么大啦!"

向大家解释一下,德国幼儿园的班级编制主要有两种方式,一是1~6岁全部混龄的家庭班(Family Group),另一种是1~3岁为一班,3~6岁隔成另外一班,两种方式各有其优缺点,就看各个家长的考虑,选择适合自家孩子的班级。

PART 3

德国幼儿园不教读写，却可能让孩子留级。评估孩子能否进入下个学习阶段的4大项目

埃米莉1岁入园时是进入3岁以下的中小班，等满3岁后再升上大班。不过除非是一开始就选择混龄的家庭班，否则幼儿园审核孩子是否具备升上大班的能力可不是只有年纪符合这么简单。德国老师会对班上即将满3岁的孩子，针对语言、社交、认知、体能和生活自理等能力做整体学习能力评估，再根据全体老师的评估结果来决定孩子升班的顺序。换句话说，即使孩子已符合升班的年龄，若整体能力不及其他年龄较小的孩子，幼儿园也会暂缓他升大班的日期，让其他比他年龄小的孩子优先升班。

虽然德国幼儿园不教读写，但这其实有点像小学的留级制度，只是一般来说德国家长面对孩子要暂缓升班的反应都满淡然的，有些家长甚至主动希望孩子可以不那么快升班，因为他们认为孩子在整体发展不足的时候进入大班就读，对他此后的学习生活并没有帮助。基本上，孩子在升上大班前，德国幼儿园会评估以下几个项目来引领孩子面对新的学习挑战。

项目1 良好的情绪发展

知名的德国儿童发展心理学家艾瑞克森（Erik Erikson）认为，**幼儿在2~3岁会开始发展自主能力，这期间孩子高涨的自我意识常**

造成与主要照顾者之间的压力。爸妈或老师一方面需要教导孩子的行为符合社会规范，另一方面也需要给予孩子空间与信任让他们去探索外在世界。大人对孩子过度的限制，反而会造成孩子的自我信任感低落，更不利发展自律能力。反之，家长或老师透过与孩子双向的充分沟通与讨论，会有益于孩子检视自我行为是否影响他人，进而培养他们在群体生活中的同理心。

因此，**孩子必须具有辨识自己和他人情绪的能力，并予以调节或回应**，这是孩子从"我"到"我们"基础社会化的学习，他们的情绪转换能力能够让孩子一天的学习生活事半功倍，并较能理解事情的轻重缓急，懂得提取正面能量来面对问题。

项目2 认知能力

认知（cognition）源自拉丁文动词cognoscere一字，有"体验"与"理解"的意思，换句话说，幼儿认知能力的养成必需透过生活体验才能正确理解，并引领孩子从具体到抽象，以多重视角多方面地发展思考能力。

3岁以下的孩子观看图画书对早期的认知发展有启蒙作用，一开始事物之于孩子可能是图像化的，但随着年龄增长，孩子会透过丰富的生活体验建构自己的知识，事物在他眼中变得具体且有类别，汽车和火车同属于交通工具，樱桃和苹果都是红色的。再来，孩子还会学到事物之间的关系和行为模式，例如婴儿需要换上尿布、早上爸妈会出门上班。孩子此时也能明白行为与结果的关联，例如：

我必须自己穿上鞋子，才能去外面玩。

项目3 生理发展

对幼儿园的孩子来说，运动就跟睡觉、喝水、进食一样，是基本的生活需求，是健康成长不可或缺的先决条件。孩子在每日大量的肢体活动中，会体验到自己的极限，从一再尝试中克服困难，并从中获得自信与独立的勇气，因此孩子的身体力量和协调性都需要得到平衡发展。以粗大动作的活动能力而言，3岁以上的孩子要能自行上下楼梯、会骑三轮车、靠一己之力攀爬上较高的滑梯，而精细动作例如：孩子是否能拿着水壶把水倒进杯子里、用剪刀剪纸、串珠项链游戏等等。

项目4 语言能力

语言能力无疑是孩子与周遭他人维持互动并建立关系的主要工具。虽然每个孩子的语言发展进程有异，但3岁以上的孩子大致上**已能理解更多字汇的意思并使用较复杂的长句子，且可以主动而清楚地表达自身的意愿与需求**。这一阶段大人要展现"我想听你说"的态度来开启对话，以语调、脸部表情、肢体动作来表示我们对孩子说的事物感兴趣，举凡像说故事、唱歌、问题讨论和看图说话等方式，都有助于孩子的语言学习。

以上四个项目都是德国幼儿园在评估孩子是否能升班时的标准项目，班上也曾发生过几个孩子因为表达能力不足而暂缓升班。"长大"对德国人来说，不会只是指年龄大小，也与身高体重不那么相关，孩子在生理、心理、情绪和语言表达各个方面都获得成长，能力与年龄互相对应，才算符合长大的标准。

孩子的童言童语，往往能够教会大人最重要的事

有一次大班的毕业欢送会，当天由我负责脸部彩绘，劳拉是我之前照顾的孩子，我一边在她脸上画着五颜六色的线条，一边跟她闲聊："劳拉，升小学代表你是大女孩，自己可以做的事情也更多了。"

她点点头，微笑地看着我说："凯特你也是大女孩啊。"

我听了忍不住笑了出来，回她："我，其实比大女孩还要大。"

她又问："那你可以做的事就更多啰！"

"是啊。"我说，"不过当然还是有我不能做的事。"

她回了我一句："我知道，我妈妈老是说她年纪太大不能这样玩了。"

听到这话，我停了一下，心里猛然冒出些许想法，又问她："那你觉得长大后不能这样玩，好还是不好？"

她奋力地摇着头，那是个肯定的NO。

孩子从不断尝试中，冲出自己的极限并成长茁壮，而长大后的我们，好像又不自觉地再把自己捆绑在种种限制中。如果长大对孩子来说，不应该只是身高体重的数字攀升，而真正长大后的我们，

又该对自己接下来的人生旅途有怎样的期许？还是，根本不再抱持着期待？

成长常伴随着泪水与苦痛，正因为如此我们更应该懂得珍惜生命中的美好。我自己有时也会陷入"我年纪大了，学不了这些东西（I am too old for this stuff.）"的想法，但其实生命中的新体验往往能转换成继续前进的动能，我们一旦拒绝拥抱新的生活体验，放弃尝试，也等于停止获得成长能量。到最后，我们可能只是慢慢老去，但却不见得有成长。

就如同我告诉即将要升小学的劳拉她能做更多的事情一样，我也希望自己至少在某些层面，在承担责任时，也还能保有持续长大的勇气。

不为了迎合他人眼中对于成功的形式与标准，只为了不让年纪局限自己的行动力，我们在有能力喂饱自己的肚子之外，也别让自己的心灵饥饿匮乏到无法再享受人生。

保持对事物的好奇心，握紧勇气，在不断成长的路上，意志力也能胜过年龄。

学沟通：跟孩子来场暖心对谈，强化彼此信赖、相互理解

在我们的幼儿园，
入园时孩子会在布面画板上盖上自己的脚印，
毕业时再盖一次脚印，
一大一小的两个脚印，象征孩子已经长大了。

4~6岁

第十九章

"不要跟陌生人走！"小一新生自己上下学

童话世界也藏匿着危险，教孩子判读情况学自保

> 我不建议爸妈或老师只教孩子避开陌生人或坏人，因为熟识的人也可能有犯案动机，坏人也可能看起来非常友善无害。
> 爸妈可以和孩子约定通关密码，不得已要请人代接小孩时，可以用密码来确认。

湖畔草地上悠闲做瑜伽的人群，穿梭于大街小巷间的慢跑者，餐厅或小酒馆的户外用餐区变得特别抢手，坐满了急需补给维生素D的日晒爱好者，城市里的喧嚣与静谧，在此时毫不冲突地调和成汉堡进入初夏后的一幅幅日常风景画，舒服、迷人，且充满生命力。

然而，对所有幼儿教师来说，带孩子去公园里跑跳却变成格外费劲的一件事。因为只要天气开始暖和起来，不止同一区域的很多幼儿园都会倾巢而出带着全园孩子出来放风，家里孩子还没上幼儿园的爸妈也会把握天气好带着他们出来玩沙晒太阳。原本宽敞的公园变得过分热闹起来，到处都是戴着遮阳帽东奔西跑的孩子，身份辨识和人数清点变得困难且费时，因此每一个幼儿教师莫不全程绷紧神经看管好自家园所的孩子，每隔半小时就清点一次人数，就怕看漏了任何一个小孩。

有一天下午,孩子从外头野放回来正倒头呼呼大睡时,每天不定时在幼儿园附近区域巡逻的警察突然现身在大门口,她一进来就开门见山地提醒我们:"昨天公园里有个男人抱着一只幼猫拐骗孩子,他企图说服孩子到他车子里看更多新生小猫咪时,还好孩子拒绝了,当时公园里人太多,到处都是视觉死角,所以幼儿教师也没能在第一时间发现异状,还好那位5岁的孩子够机灵,拒绝陌生人的邀请后马上跑回去跟老师报告。"

我们几位老师一听不禁皱起眉头,虽然在公园里老师都会目不转睛地全程看守着孩子,但总是会有几个孩子特别喜爱独自行动,这分钟孩子还在玩沙,下一分钟就跑到树丛里捡树枝,一旦坏人看准时机,风和日丽的公园也埋伏着危险。

大量的户外活动一直是德国幼儿园的核心重点,不分晴雨,不畏风雪,因此天气特好的夏日时节,实在没有理由硬把孩子关在室内。班上几位老师于是开会讨论孩童外出安全的因应方案,我们发现公园里人最多的时候是早上十点半至中午十二点,因为多数的父母或幼儿园都会在早餐或晨间律动时间过后才带着孩子出发到公园,所以在这一个半小时内公园里的人数会急速上升。

于是我们决定在六至八月间提早出发至公园,只要是放晴的好天气,每周的一、三、五都是户外日。户外日早上七点半家长就可以直接把孩子送到公园交给在场的老师,我们在公园吃早餐当作野餐,大家席地而坐围着圈圈进行晨间律动,因为七点半至十点半这时人还不多，所以老师们相较之下也比较能清楚看见每个孩子在公园的动态，等到十点半人开始多时，我们就开始整队回幼儿园，孩子们回去梳洗过后刚好赶上午餐时间。

危机意识是独立自主的条件，让孩子知道他可以拒绝陌生人的邀请

只是，光是避开人潮多的公园还是不够，幼儿园里每月至少会有两次的校外活动，近一点的是步行去附近的花店或超市，远的可能是搭公交车地铁去图书馆或博物馆，孩子们除了学着跟紧老师，也绝对有必要知道如何判断情况来避开可疑人物，对即将进入小学就读的大孩子来说这能力尤其重要。在毕业前夕的家长会谈里，有些爸妈说孩子对独自走路上学跃跃欲试，头一个月家长会接送上下学来让孩子熟悉路线，之后就放手让孩子自己独自上下学。**"自行上下学"是德国父母培养孩子独立自主的必经过程，除非学区太远，不然学会独立上下学这件事，就是每个刚上小一新生最先要面临的新挑战！**

老师们于是找一天下午的自由玩乐时间，与几个即将升上小一的孩子一起讨论独自上学应该注意的事项。

"你们之后要自己走路上学的人举手！"我问了孩子们，其中超过一半举起了手。

我再问了句："一开学就准备好自己走路上下学的人请举手。"

这时孩子互相看来看去，却没有人举起手，迈克斯主动向我们解释："爸爸说前两个礼拜他会陪我走，之后我就可以自己走。"

"我妈妈说，她已经跟米露的妈妈约好在中间路段碰面，第一个月她会陪我走一半的路，等米露和她妈妈到了之后，我再跟米露一起走去学校。"

"我妈妈也是说，跟同学一起才行，我还不能自己上学。"几个孩子也跟着补充。

我点点头表示同意："刚开始能够结伴同行当然是最好，每件事都需要练习，决定要自己上下学是个很好的决定，证明你们长大了，但也不用急着一定要一个人走，上下学途中除了要注意马路安全，也有其他事情要特别留意。"

"我知道！"乔安娜急着抢先回答，"不要跟陌生人走！"

"那如果是你们认识的人，比如说在公园常看到的阿姨或叔叔，或者好朋友的哥哥请你去他家玩呢？那你们可以跟他们走吗？"我问。

孩子的表情明显犹豫了起来，只有迈克斯回答说："不行，要先问过爸爸或妈妈才行。"

"迈克斯说得没错。"我进一步解释，**"不是所有陌生人都是坏人，也不是所有认识的人都不会伤害我们，所以一定要先打电话跟爸妈确认，如果爸妈说不行，你们要马上拒绝。"** 我继续说："上学途中有陌生人想要请你帮忙，不管你做不做得到，请先离开现场，然后告诉你认识的大人让他们来处理。"

"还有，如果陌生人开车停下来问路时，不要离车子太近。"另一个孩子也加入讨论。

"很好,这点也非常重要。"我回应,"万一,陌生人要拉你们走呢?"

"要大声喊救命!"几个孩子同声说道。

"对!如果你已经拒绝,陌生人还是硬要带你走,那代表他是坏人,这时候你们要大声尖叫说我不认识这个人。"我强调,"只要觉得状况不对,你可以不礼貌地大声叫他滚开!这点非常重要,要非常大声地说,别的大人才会注意到你需要帮助。"

独立训练需要按部就班,帮孩子准备好自行上下学的4个建议

从教育的角度来说,比起被动地让父母接送上下学,让孩子熟悉邻近区域并懂得辨识环境中的潜在危险,的确是孩子学习独立的路上必须突破的重要关卡,不过我并非想倡导所有父母都应该仿效多数德国父母让小一新生开始学着自行上下学。德国幼儿园的学习生活一直以培养独立自信的小孩为主要宗旨之一,孩子经过几年幼儿园的洗礼,只要是自己不认同不喜欢的事,向大人自信地说NO是如同呼吸一般自然的事。相较之下,中国台湾的孩子在成长过程中则缺乏这样"拒绝"的练习机会,这多少会影响他们在面对特殊情况时的应对能力。因此,爸妈大可不必急于一时,按部就班地帮助孩子准备好自行上下学更为重要。

建议1 提升孩子的心理素质

比起自信外向的孩子，容易胆怯且被动的孩子容易成为歹徒下手的目标。因此，孩子若懂得勇敢说"不"，能让他在察觉异状时快速反应，大声拒绝陌生人的请求并要求他离开，让歹徒知难而退。

建议2 带孩子熟悉环境

多数德国爸妈会在孩子自行上学前两个礼拜陪同上下学，帮助孩子熟悉上学和回家的路径，一方面提醒孩子哪几个路口或小巷需要特别注意交通，另一方面也不忘让孩子有机会建立所谓的"小区信赖网"，例如每天买早餐的店家或咖啡厅，或是路口的加油站，孩子认识的商家越多，就越能帮助他在危急时想到向人求救。

建议3 事先约定好通关密码

另外还有一点也非常重要，不管是书包、手提袋或水壶上的姓名贴纸，建议尽量贴在内袋或不显眼的地方，避免让他人可清楚看到孩子名字，直接喊名字来接近小孩，因为孩子听到有人直呼自己的名字通常较容易卸下警戒心，让坏人有机可趁。

平时，也可以跟5岁以上的大孩子们一起设定通关密码，并不定时更换，可以是"蝙蝠侠"或是一句简单问题"最爱的甜点是？巧克力布丁。"若临时请邻居、亲朋好友或同事代为接送小孩时，让孩子以此确认陌生人的身份，若密码错误，绝不跟着离开。

PART 3

建议 4 爸妈不在场,拒收他人的礼物

歹徒的另一常见手法,就是如本篇开头那般,以小猫小狗或饼干礼物来贿赂孩子。这种手法对于脑波弱的低年级学生尤其难以拒绝,因此家长可以跟孩子约法三章,告诫孩子只要爸妈不在场,不管认不认识,一概不能接受他人的礼物。尤其是在公园、游乐场或任何其他地方,碰到不认识的大人在爸妈不在场的时候表明要给他礼物或看小猫小狗,请他务必马上回到爸妈的身边。

童话故事里有巫婆和大野狼,现实世界里我们也无法为了完全杜绝危险而将孩子隔离在玻璃屋中。其实,每个孩子能够真正独立自行上下学的年纪虽然不一,但他们终有一天要准备好独自面对外在世界,父母最好的保护方式是建立孩子的自信和大声说"不"的勇气,并加强孩子对周遭环境的认知和社交能力,渐进放手让孩子练习,别因为大人的担心而让孩子失去学会保护自己的机会。

Q 孩子经常吵着玩3C产品，让他玩一下可以吗？

A 别让电视手机当保姆，小疏忽带来大伤害。家中实施3C产品管制，大人小孩都受益。

我平均一年飞回两次陪伴家人，以久居国外的人来说，这样的频率并不算低，但每次回来，总是有着既熟悉又陌生的冲突感。尤其是街上几乎随处可见的电视墙广告和LED字幕机，再加上大小商店促销录音长时间的循环播放，常让我不自觉地焦躁起来，却几乎无处可躲，只能快步走过这些城市里的影音喧嚣，如释重负般地大吐一口气。

在英国念书，接着在德国工作定居，我在欧洲生活前后加起来已有十年的时间。不论上课上班，我都是搭乘公共交通工具的长期通勤者，撇开偶尔的误点，火车和地铁常是我在城市里移动的好伙伴。有时听着音乐，有时也观察地铁里进进出出的人群，但大多数时候只放空凝望窗外掠过的街景。两地的通勤生活相较之下，我观察到，和德国的通勤族最大的不同，就是低头玩手机的人数压倒性地多，堪称城市奇景。

有一次，德国朋友来旅游，走在街头，她突然半开玩笑地跟我说："凯特！你看，大家都边看手机边走路，好像僵尸出没（walking dead）。"我知道这是德国人的黑色幽默，跟喜不喜欢当地无关，不知如何解释这现象的我只好给了个苦笑当作回答。

接着我们搭上了地铁没多久，我又看到令人不解的一幕。一位年轻妈妈正玩着手机里的游戏，坐在一旁约莫4岁的孩子可能觉得无聊，也开始吵着跟妈妈要手机看卡通，妈妈似乎也没怎么犹豫，游戏玩到一个段落，便从视频里点了个卡通对孩子说"只能看十分钟喔！"，手机便落在那年幼的孩子手上。顿时我心里浮上的疑惑，是这位地铁上的年轻妈妈会允许孩子看多久的电视，虽然她应该会有时间上的限制，不过我可以肯定地说，德国幼儿园的家长不会这么轻易地把手机交给年幼的孩子看卡通或玩游戏，就算只有短短的十分钟。

之后每次回来，不自觉地侧面观察中国人的手机使用现象就成了我的习惯之一，有时去住家附近的运动公园慢跑，常看到不少低头滑手机在绕着操场快走的人，年龄从小学生到成人都有，连运动时间也手机不离身地盯着看。而最让我感到诧异的，莫过于父母对幼儿园学龄前孩子使用手机或平板电脑态度之宽松。范围包括在餐厅坐不住的孩子、在儿童门诊害怕打针的孩子，或在排队中不耐久候的孩子，不同场所，情况也各异，但手机万能地一律适用，它一登场问题就化为无形，孩子再也不吵不闹地直盯着屏幕。

给孩子不插电的童年生活，专注力就是未来的学习力
——长时间看电视对幼儿的大脑发育有负面影响，且容易造成语言发展迟缓

上述同样的情况，我想德国父母绝对会先以拥抱和语言去安抚孩子，再来也许会递上色笔和画册，或是口袋书给孩子打发时间，但大多数时候，德国爸妈的包包里什么法宝也没有。事实上，他们并不担心孩子感到无聊，他们认为孩子抱怨无聊是他自己要去克服的问题，爸妈不需要急着提供"娱乐节目"，只因为孩子不知道要做什么。换句话说，**孩子倒不是真的没有事情做，而是他们缺乏"天马行空"的能力，无法从所处的环境中做观察并创造出游戏活动，所以才会向外求援，希望爸妈能解除他们的无聊警报。**

多年前还在中国台湾幼儿园任教的时候，每天密集的课程安排之下，自由玩乐时间大概只有短短半小时。我记得那时候孩子常常玩没多久就跑来对我说："老师，陪我玩好不好？"不管小班到大班，总是会有几个孩子这样对我说，他们不是没有朋友一起玩，所以我也认为这是孩子喜欢接近我的表现，是一种友好的邀请，只要手边事情处理好，我就会坐在地板上陪着他们玩。

现在回想起来，积极一点的孩子，会分配每个人的角色，主导

剧情走向，但很多孩子玩了一会儿就开始感到无趣，根本不知道还能怎么玩。所以当他们说"老师你可以陪我玩吗？"，其实是在等候我的指示，因为他们无法从现有的玩具中，生出多种游戏的可能。后来，到了德国的幼儿园，我惊讶地发现，这里的孩子实在太会玩了，他们几乎从不会感到无聊，就算是每星期的无玩具日，孩子也不会抱怨没东西可玩，不会跑来跟老师说："请陪我玩。"

这里并非要倡导老师和家长不要陪小孩玩，而是我认为中国台湾的教育环境和日常生活习惯常在无形中一点一滴削弱孩子的思考与创造能力。举例来说，幼儿园里偶尔让孩子看电视卡通片似乎是司空见惯的一件事，尤其那些爸妈下班较晚的孩子，常常每天会一起坐着看电视等爸妈来接，常常一看就是半小时。

我认为电视、平板电脑或手机这些3C产品，就像甜食之于孩子容易沉溺，因此真正专业且有教育理念的幼儿园应该尽量让孩子远离电视，替父母把关。有一次在家长座谈会上有位爸爸提问关于孩子在家观看电视的时间限制，园所里的老师们一致认为3岁以下的孩子最好不要看电视，他们表示没有任何一个号称"寓教于乐"的卡通或教育节目值得让3岁以下的孩子每天观赏，因为**大多数3岁以下的孩子根本无法完整理解节目剧情内容，只是被虚拟世界的声光刺激跟画面变换所吸引。**除此之外，很多研究也显示，长时间看电视对幼儿的大脑发育有负面影响，并容易造成语言发展迟缓。因此过早让幼儿接触电视、手机，就学习的角度来看，恐怕是未蒙其利，先受其害。

至于4岁以上的孩子，一个礼拜最多以看半个小时的卡通为限，请注意，是一个礼拜，不是一天半小时，因为每天看电视会成为孩子的固定习惯，即使家长不开电视，孩子也会吵着看。偶尔天气不佳的周末，父母可以跟孩子一起挑选动画片陪同观赏，但这只能充当雨天限定的备案活动，可不能周周都是沙发电影院。家长贪图一时的方便请出电视保姆的结果，常常演变成请神容易送神难的局面，孩子会渐渐丧失主动好奇的天性，长期下来被动且无需思考地接收信息，很容易会感到无聊，因为孩子玩的能力已被削弱。

我一再强调，德国人之所以注重孩子要有"自己玩"的能力，是因为孩子必须要能维持某种程度的专注，才能玩出细节，玩出思考，玩出建构力！这些年在德国幼教现场实际观察到的现象让我得到一个结论："玩"的能力并不一定会随着孩子的年龄成长，反而跟家庭环境和教养方式更为相关。一个1岁3个月的孩子可能会比3岁的孩子玩得更好更专注，只因为家庭环境与教育方式能够强化孩子主动的态度。

让3C保姆陪伴孩子，容易养出"无事可做的无聊小孩"

我们班上有一个1岁多的小女生瑰塔，年幼的她无论对什么活动都有很高的参与意愿，就算是针对2岁以上的拼图活动或穿线游戏，她也会跟着班上的哥哥姐姐一起坐着完成。有一次她想帮婴儿娃娃的衣服扣上纽扣，因为小手对于扣纽扣的精细动作仍有难度，她第一次来找我帮忙，我帮娃娃把衣服穿上了以后，她坐回地板再把纽扣扳开，然后她就自己试着把打开的纽扣扣上，一次又一次地尝试，我和德国老师凯莎站在一旁不动声色地观察她，试了近半个小时后，果真给她扣上了！半小时对1岁多的小孩而言是非常惊人的专注时间，我忍不住把观察到的过程记录在教师日志里。

家长面谈时，我向瑰塔妈妈提及这件事，她告诉我身为家有三个孩子的职业妇女（瑰塔还有两个哥哥，一个小学一年级，另一个幼儿园中班），她常忙得分身乏术，所以大部分的家庭活动都是全员参与，实在没有办法安排分龄专属的亲子活动。好在瑰塔的两个哥哥非常宠爱她，在她还没学会走路时，他们两个会陪在左右两侧跟着这个小妹妹爬。有年龄差距的三兄妹虽然会各玩各的，但也常常一块玩。

她提到当孩子进行一项学习活动，或是突然发现到任何有趣新鲜的事物时，只要不妨碍到他人，她会稍微等一下，不急着催孩子，尽量不去打断孩子专注进行或观察的事务，让孩子保持好奇爱探索的天性。我好奇地问及几个孩子在家是否观看电视，她回我说："家里根本不太需要开电视，有时候瑰塔光是看着家中烘衣机里滚动的衣物就可以定住不动地看半个小时。虽然偶尔小一的哥哥看卡通时，瑰塔也会盯着看，不过最多也是一个礼拜半个小时。"

很多爸妈都暗自希望家里幼儿园的孩子能自己在一旁好好专注地玩上一阵子，能因此获得一点喘息的时间。但爸妈的休息时间和孩子的游戏生活，其实可以互不打扰地各自在轨道上进行，前提是大人要提供一个让孩子有机会学习"主动玩"的环境。**爸妈或老师若不稍加留意电视手机对幼儿的负面影响,"无事可做的无聊小孩"和"电视保姆"这二选一的难题就会持续在育儿生活里上演**,一直到孩子拥有第一部手机或iPad,他总算不需要跟爸妈喊无聊,但孩子也许自此会游移在快速切换的屏幕画面中,亲子间的对话越来越少。

我不禁想,每天不停吵着要看电视卡通的孩子,大概是因为他还没发现这世界有这么多有趣的事物可以看可以玩。也许,内心里所有的疑问与困惑,在影音跟画面停止的静处与沉淀后,会比网络上的搜索引擎更快帮助孩子找到答案。

PART 4 第四部分

旧时光记忆的启示

"知道答案才有发言权"的既定印象，让孩子不敢在人前说出自己的想法。

为什么孩子在课堂上很少主动发言呢？

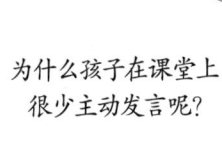

第二十章

不说不行！
那些年的小学说话课和巡回演讲

孩子的表达能力在德国幼儿园里一直是重点学习目标，如果平日的学习环境不鼓励孩子表述意见，只在每周一次的说话课让孩子练习表达，或在演讲比赛被训练以极不自然的手势与腔调表达，孩子自然很难提升说话能力。

教室里排列笔直的课桌椅，坐满黑压压的一片人却安静得几乎要令人窒息，一抬头能看见眼前的黑板上写着斗大的两字"安静"，没有人说话，或许应该说，未经班上班干部的允许，没有人可以在上课时间说话。因为站在台上的班长无时无刻不盯着大家的一举一动，只要一开口，名字就会被写在黑板左下角画的叉叉里，代表你说话，你不乖。

从"不准说话"到上台演讲，人前发言成为我求学时期的恶梦

在我印象所及，从幼儿园开始到高中毕业前的求学经验，"说话"

都是一件非常不被重视,甚至不被鼓励的事。从2岁到18岁,我们都一再被要求上学要听老师的话,上课不要爱说话,即使是小一新生的我,也很快地学到课堂上生存要领的第一课:管好自己的嘴巴!

升上了中年级,课表里开始有说话课,上说话课前的一个礼拜,老师会发给班上每个同学一本相同的读本,通常页数也不多,认真念的话半小时内可以轻松读完,当作我们当周的回家作业之一。同学都要在下次说话课前阅读完毕,说话课时老师会公平地以抽签方式来请同学上台报告读书心得。等上了高年级,说话课又进阶成"巡回演讲",轮到的班级必须派出将近一半的学生到同年级各班去说故事给大家听,比起只在自家教室讲台上的说话课,巡回演讲需要面对陌生的场所和演讲对象,显然是更大的挑战。

不论是说话课或是巡回演讲,当时班上大多数人都非常讨厌被迫上台说话。记得当时有次轮到一个会口吃的同学去别班巡回演讲,老师为了让他上台时能够台风稳健地把故事说完,于是请他在全班面前先练习说一次。没想到这位同学不只口吃得厉害,一句话要断断续续地讲好久才能说完,全身还紧张得抖个不停。所幸老师也没为难他,告诉他如果还需要时间准备可以下次再参加,听到老师这样说大家也替他松了一口气,同学在台上抖个不停,又因为紧张造成口吃,单字重复五六次还说不完整,台下的同学不管交情如何,大家看着他因为说话而吃足苦头也难受。

就这样谨守着下课拼命聊八卦、上课就闭上嘴巴的校园生存法则一路升上了高中,课堂上的学习气氛并没有因为长大而变得开明活泼，反而因为面临大学联考而变得更紧张严肃。每一个科任老师都在赶教学进度，上课时就像等着黑压压的知识输送带，不停地，单向地，领取后即可离开。

美术课的一次上台报告，让我察觉"说话能力"竟如此重要

当时我因为屡次违反校规被学校教官视为问题学生，虽然成绩不错，但绝对非班上的优良学生之列。面对台上提不起劲来认真上课的老师，台下的我也很恰如其分地随便听听，反正，大多数科目就算没有老师讲解，自己回家念念自修也就会了。一直到高一下学期时，来了个从英国留学回来的美术老师，因为年轻又亲切，班上同学都非常喜欢她。美术课原本就是高中生涯里难得的可以用来纾压的科目，所以每次上课的气氛都很轻松愉快，五颜六色的调和挥洒中，谁都不必理会升学压力，就算只有一小时。

有一回下课前，美术老师突然告诉我们下堂课不用带美术用具，因为下周我们不作画，她要求每一个人去找一幅自己有感觉的画，并向全班做十分钟左右的介绍。全班顿时哀鸿遍野，就像临时被通知要随堂考的反应。虽然我也喜欢平时的美术课，但我对老师这个提议却没有太大反应，心里只想着周末得跑一趟图书馆。因为老师特别强调，不是选自己最爱的一幅画，而是要挑选自己觉得特别有意思、有感触的一幅画。那个周末就跟几位同学跑了趟图书馆，大

家选定了画之后，认真地抄写和影印，接着拟稿背稿，我则嫌背稿太费事，多读了几遍相关资料后，在心里列个报告的大致方向，就算准备完成。

到了报告那一天，美术课前的下课时间大家反常地待在教室拼命读稿背稿，就算美术老师到了，大家还是把报告的草稿摊在桌上默念着。同学一个个上台，他们之中的多数不是死背简介僵硬地说完，就是眼睛盯着手写的草稿读完，不管班上的阶段考试排名高低，上台报告的表现好像都是差不多的水平。轮到我时，我只带了附有画作《伊卡洛斯的坠落》(*The fall of Icarus*) 一图的美术书籍上台，之后就凭着我阅读时的记忆，从画作背景、画中意义开始介绍起，最后简单扼要地向大家解释我会选这幅画的原因。报告完毕后我下台，台下的同学却出乎我意料地大声鼓掌叫好，美术老师也称赞我报告得很好，我竟有点不好意思起来，因为我其实没有那么认真地准备。

相较其他同学，我介绍的内容绝对没有特别丰富，我只是顺畅地、平稳地叙述我对那幅画作的想法，如此而已。现在会提起这段记忆，是因为当天下课后，班上成绩排名总是第一的班长，破天荒地主动跑来跟我攀谈，他告诉我："你报告得好精彩！今天的表现真是让我对你刮目相看。"我礼貌地点头道谢，收下了赞美，心里浮现的问号是"那之前他眼中的我到底是什么样子？"不过我也从当天的经验中学到：当一个人有好的口才能力，就能为个人形象加分增值，而缺乏这项能力的人，不仅让之前的准备工作白白浪费掉，也容易在团体中被埋没。

德国孩子表达能力出众的2大原因

不太一样的是，孩子的表达能力在德国幼儿园里一直是重点学习目标，如果平日的学习环境不鼓励孩子表述意见，只在每周一次的说话课上让孩子练习表达，或是只有在参加朗诵或演讲比赛上被训练以极不自然的手势与腔调表达，孩子自然很难提升说话能力。意见陈述的能力跟学习生活毫不相关，所以一旦被要求报告或表达，就只好看稿或死背。

在德国任教这几年，我观察到德国孩子的平均表达能力明显优于中国台湾孩子的最主要原因有以下两个：

原因1 天天都是说话课

除了午休时间避免干扰其他孩子的睡眠，基本上无论上什么课程，幼儿园都没有上课不能说话的禁令。相反的，老师们会尽量创造对话机会让孩子表述自己的意见。3岁以上的中大班孩子，在早上三十分钟的晨间律动时间里，超过一半的时间都在说话。

老师抛出的讨论题目多半很贴近孩子的日常生活，从参加的生日派对、周末的休息活动到度假回来的心得，都能让孩子轻松开口说。相较于中国课堂上常见的老师提问而学生回答"正确答案"的方式有很大的差异，因为学生在开口前不会习惯性地怕说错，自然提高了主动参与讨论的意愿。

换句话说，**传统的教育方式很容易造成孩子认为"知道正确答案才有发言权"的既定印象**，即使老师本身无意这么做，长期下来却容易加深孩子对于在课堂上发言这件事的距离感。"一句关键答案更胜孩子一整段想法陈述"成为主流的授课方式，便无法有效引导孩子提升口才能力，这或许是中国孩子普遍拙于表述的主要原因之一。

德国幼儿园里每日大量的对话练习和课堂中的团体讨论，让孩子从小就把意见表达视为每天学习生活的日常。开放式的对话与讨论，让孩子先经过脑袋里各种想法上的混乱与撞击后，学会逐步整理思虑，再选取适切的语言表达出来，透过思考建构和语言表述同步进行的大量作业，扎实地增进孩子的口语表达能力。

原因 2 孩子有许多生活观察的机会

有好多次我为德国小孩自信且大方的口语能力感到惊艳不已，并非因为他们说出超龄的语言，而是因为他们在不同场合里都能用适当的语言与他人交流，而不光是被动地听大人的指示叫叔叔阿姨，象征性地打个招呼。幼儿园里的小女生唐妮，她在2岁的时候，有回下班后我到附近商店采买日用品时遇到她，当时她身旁还有一对上了年纪的老夫妇。我正想着他们应该是唐妮的祖父母，想主动上前去向他们打招呼时，没想到2岁的唐妮一看到我，就急着跟身后的祖父母介绍我，她说："这是我幼儿园里的老师，她叫凯特。"话才说完，又立刻对着我说："凯特，这是我的爷爷奶奶，他们搭火车来玩的。"

我们知道，在正式的社交礼仪中，主动引见并介绍自己家庭成员或朋友给他人认识，被视为对彼此尊重的必要举动，但第一次从2岁娃儿的口里听到自己被介绍时，我着实震撼了一下。后来几年在幼儿园里，我陆续被几个年龄大小不一的孩子在不同场合介绍给他们的朋友和家人后，我不禁去思考这其中的原因。我想除了文化礼仪的差异，重点在于德国孩子在社交方面虽然很少被大人下指令该怎么做，但他们有很多机会从生活中去观察、去思考，进而内化大人的社交礼仪去应对不同场合，这是课堂上老师们无法教，也教不来的一堂课。

另一个2岁多的孩子班奈，有次下午的自由玩乐时间，德国老师看他玩积木玩得有点腻了，于是提议他想不想跟其他孩子去花园骑波比车，顿时他眼睛闪着光，大声欢呼说："这真是个太棒的点子了。（Es war eine gute Idee.）"我们几个老师一听都大笑了出来，心想他应该是模仿另一个德国老师米拉的口头禅，不过才2岁的他还真能选对时机说出这句话，而不是只简短地用一个字"好"来回答问题。

幼儿园的孩子常听到大人怎么说就跟着学怎么讲，因此与其鼓励这年纪的孩子背诵诗文或参加演讲比赛，倒不如从生活中着手，让孩子在耳濡目染下正确自然地学会说话之道，不单只是要求孩子要对他人打招呼有礼貌，大人平日也应该要求自己以礼待人，以理服人。

说话的能力人人几乎都能学会，但它却只能透过大量与人交流互动才能正确掌握。**说话，不只是众多字词间的选择，它是一种训练思考的过程，更是一种个人特质与态度的展现。**我认为华美的词藻不是不能用，而是它需要在生活中体悟过后才能表达得感动人心。因此，孩子实在不需过早强塞硬记那些似懂非懂的词汇诗句，若能在生活和课堂中有一个可以开放论述的学习空间，等他的思路清楚后，说话之钥便随之开启。

第二十一章

爸爸的书桌，
孩子的心灵诊疗室

> 坐在书桌前跟我对谈的爸爸，从不摆出父亲的威权，也不讲大道理，他会先告诉我他的想法，再问问我的打算，从不强势左右我的决定。
> 父女对谈的时间里，他的倾听与理解，每一次都把几乎快溺毙在烦恼里的我打捞上岸。

儿时记忆里的爸爸总是很忙。

在法院工作了一天，才刚下班回到家，就常有人不请自来地登门请教他诉讼问题，四个小孩躲在爸爸的书房里低声抱怨客人怎么还不走，那时爸爸个人的休闲时间，几乎被压缩至一点都不剩。举凡公事、私事，还有提供无偿法律诉讼辅导的麻烦事，爸爸总是面不改色，逐一破解，处理完毕依然带着笑容面对孩子，绝对不把压力带上餐桌蔓延给家人。他一直是我们家的中央山脉，外头的强风苦雨，到他这里就得止步。

对于家里的四个小孩，即使我们各有各的问题，爸爸敏感的情绪雷达总是能在第一时间察觉孩子的烦恼，却从不主动把我们叫去书房问个究竟,而是不着痕迹地,等到我们不经意进到他书房里时,把握机会打开对话。

父女敞心对谈,爸爸的倾听与理解,是叛逆青春岁月里的一抹暖色

小学到高中时期,我有很多"维特式烦恼",不想坐校车、跳高跳不过、数学不会算、不想加入合唱团、老师管太多、跟同学吵架等等,这些大小不一的问题都曾在不同求学时期占据我的脑袋。坐在书桌前跟我对谈的爸爸,从不摆出父亲的威权,也不讲大道理,他会先告诉我他的想法,再问问我的打算,从不强势左右我的决定。父女对谈的时间里,倾听占了一大部分,他极有耐心地提问,像是要在一张情绪地图里面找到孩子受困迷路的地方,有时给方向,有时不会,但他总是告诉我:"处理问题没有什么难的,就是面对它!"只要不逃避眼前的困难,我们就可以从情绪迷宫里走出来。因为他的倾听与理解,每一次都把几乎快溺毙在烦恼里的我打捞上岸。在学校死党们老是抱怨爸爸很严很凶会打人的那段叛逆青春岁月,我却常跑到爸爸书桌前一坐,劈哩啪啦地向他大吐苦水。

升初一那年暑假,新生训练时学校帮我们做了智力测验。老实说我在小学的成绩并不出色,放学后时常跟着死党们四处逛街乱晃,爸妈买的参考书只有在段考前才会临时抱佛脚,爸妈也从来不太介意成绩排名。初一刚开学没多久,有天家里突然接到中学教务主任

的电话。

"今天下午你们学校的教务主任打电话来家里。"那天放学到家后，没多久，爸爸便告诉我这个消息。

我从爸爸脸上的表情猜不到是什么事，于是问："他打电话来家里干嘛？"

"也不是什么特别重要的事情，他打电话来主要是通知我们说，之前学校智力测验的成绩出来了，你表现得还不错。"话才说完，爸爸又喃喃自语，"现在学校里还会做智力测验啊？"

"有喔！整整一本让你写到头都晕了。"我小小地抱怨着，突然觉得事有蹊跷，立马又问，"但是初一新生全都有做啊，主任难道每个人都打电话通知吗？"

爸爸听了淡淡一笑，向我解释："他向我说了一件很有趣的事。"

"什么事？"我问。

"他告诉我，学校针对小学学科和智力两个项目进行测验，大家两者的成绩都满平均的，也就是通常两者间的差距不会太大，但你的状况是唯一一个比较特别的，你的学科成绩很普通，但智力测验的分数又很高，所以想问问你在小学的学习情况。"爸爸这么回答我。

"我的小学成绩是很普通啊，很少考过班上前十名吧！"我说。

"对，我也是这么跟他说，你在小学被编进田径班，成绩算不上特别好。"爸爸此时顿了一下，看着我说，"但是，主任的意思是，他打算破例让你编进学校的实验班，或许读书风气改变了，你的学

PART 4

科成绩就会被拉上来。"

"实验班是不是都是一些书呆子？"我问。

"那你认为田径班的人都头脑简单吗？"爸爸指正我，"不要那么轻易地用非黑即白的二分法分析事情，人对新事物产生的抗拒感很多时候只是因为不了解，实际上的状况有可能跟你的预期有些出入。我跟主任说过，这需要你自己决定是否愿意加入实验班，不过主任也告诉我，一旦你拒绝了，他就会把班级名额递补给别的学生。"

爸爸并没有力劝我加入实验班，他对我在班上排第八名或第四十名从来不会有太大的反应落差。关于学校的日常生活和课业，爸妈态度一致，就是孩子自己分内的事，让我们自己决定，自己负责。功课没写自然得受罚，忘记带东西也不用希望爸妈会帮忙送到学校，早上不想带雨衣出门碰上午后雷阵雨就准备淋雨回家，甚至要不要补习请家教，都是孩子说了算。

我在几番考虑下，决定翻转他人对体育班学生全都头脑简单的想法，想要证明自己会运动也会念书。在进入校内学霸集结的实验班后，很快就适应了学习生活。我发现只要认真花时间读书，成绩自然就会进步，比起练田径百米再怎么苦练也无法突破自己的秒速，学习却好像能得到更直接的回馈。初一的第一次段考，我第一次看见自己的名字公布在校榜里，心里有种特别的感觉——原来我也做得到！

求学时期的重大抉择，爸爸给予我的是陪伴而非干涉

过没多久，有回上体育课时，体育老师叫大家跑操场五圈当作暖身操，我在小学的田径班虽然没闯出什么名堂，但或许每日早晚训练的底子还在，虽没刻意跑快，但是体育老师却在我跑到一半时，把我叫住，劈头一句就问我："你小学有练过田径吗？"我于是回答老师，以前在小学是在田径班，但跑步的成绩在班上也不是特别出色，一个奖牌也没拿过。

"那你要不要到我队上来练练看？有兴趣吗？"他问。

忘了我怎么回答他的问题，不过显然当时我的跑者魂还没完全消散，没多久我就加入中学的田径校队。几个月后，因为每天早自习时间我都跑去晨训，当时破例让我加入实验班的教务主任跑来，对我说："实验班和田径队只能二选一，你这样两驾马车一起跑，到头来只会两边都没法兼顾。"

教务主任说得恳切，但正值青春叛逆期的我耳朵里只听得到他在威胁我不退出校队就是回到普通班去上课。主任后来的好说歹说我都关起耳朵不再听，一回家马上跑到爸爸的书房去发牢骚。

爸爸听完了我的抱怨，对我说："主任应该是担心你应付不来，你自己觉得呢？有影响到课业吗？"

"还好吧！"我答。

"我也认为你在读书之余，能运动舒压一下也不错，如果能两

PART 4

者兼顾当个运动型学霸更好。不过,单纯喜欢运动与抱着成为运动选手的付出和决心是有差别的,你想成为运动选手吗?"

"也没有。"我诚实地回答,"我只是觉得大家一起练田径很好玩,而且早上练田径就可以不用参加早自习。"

"原来如此。"爸爸笑着说,"我相信主任并不是故意刁难你,他只是对你抱有期望,希望你能更专注在一件事上。你自己也跟我说过,比起练田径,念书很快就可以看到成绩进步,不是吗?"

"所以你也认为一定要二选一吗?"

"二选一是种选择,两者皆是也可以是种选择,不管选择是什么,如果不努力、不坚持,对的选择也不见得能保证带来好的结果。"爸爸建议我,"如果你坚持两者都要,你要不要请教务主任再给你几个月的时间,你不会让训练影响课业,如果之后真的不行,你就退出校队。"

我觉得爸爸的建议有道理,隔天跑去跟教务主任谈我的想法,但在近三十年前的那个年代,教务主任认为我的提议简直就是在开玩笑,严肃地对我说:"不能做到专心念书,那就退出实验班,想进来念的同学多的是,你自己要想清楚。"

事实上,在强大的升学第一面前,我想试着保有一个"两者皆可"的可能性,在那时或许是一个近乎无理的要求,而我听到主任没得商量的口气后,想都没想就赌气地回了句:"那就退班吧!"

当孩子认识到自己犯了错误时，最需要的是父母的关爱

爸爸知道我决定要退出实验班的时候，也跟我谈过得失，但最终他还是放手让我自己选择。之后的一学期，我像是中了魔咒一般，田径和学业表现全都直线下降，最终还是退出了田径校队，开始决心要全心准备考高中，那时已经是要升初三的暑假。记得有回上课，老师让我们自由活动，大家坐在学校的草地上聊天，突然有位同学对我说："你以前不是在实验班？为什么现在成绩退后这么多？我以前从没想过有一天可以超过你的排名。"听了这句话，我回到家沮丧了一整晚，对自己的意气用事觉得懊恼不已，忍不住跟爸爸说出自己的心里话。

"早就告诉过你……你不听我的话有什么用？"感谢爸爸从不对我说这些恼人的话。他静静地听我说完，也不追问太多细节，只是全心陪伴着我，陪我度过低潮，再云淡风轻地说了句："吃饭了吗？带你去吃顿好吃的！"好几次我在泪水跟懊悔中硬把食物吞进肚子里，爸爸似乎想告诉我"只要还能吃，就会有体力重新站起来！"

爸爸不是不担心我犯错犯傻，但他很清楚父母越大的阻拦只会使得青春期的孩子更背道而驰，就算他的苦心规劝孩子充耳不闻，但在我们失意的当口，陪伴比说教更重要，一个孩子清楚意识到自己犯下的错误时，其实当下最需要的是父母的关爱，而不是大道理和教条。面对懊悔，我们无法倒带再重新来过，但至少可以吸取教

训不再让错误重演。爸爸在事前分析道理，之后不管结果好坏，总是义无反顾地在背后支持着我，他的信任是我建立起坚定自信的最大力量。他让我在黑暗中不会失速坠落，我知道不管发生什么事，只要朝着光走，就能走回心里那座坚强的安全堡垒。

停驻在即将奔向四字头的人生路口回过头看，有些回忆太美好，想起那些零星片段时不免地会有些怅然与悲伤，但偶尔思念爸爸而流泪时，就会想起爸爸的那句"吃饱了吗？先去吃饭吧！"只要一想到爸爸从不被击倒的人生哲学，我混着眼泪也要把饭扒进嘴里。

人生路上风雨有时，在经历无法承受的失去后，更明白世上唯一永恒不灭的东西，是父母对子女的爱。所有在成长路上爸爸曾经给予我的信心与勇气，我会好好收藏起。

第二十二章

自言自语很有必要，
跟内心的自己当好朋友

当我们的朋友因为明天要赴一个重要的工作面试而感到紧张，我们一定会说些鼓励打气的话，或提供建议来帮助他准备就绪，但有些时候，我们面对同样的情境，内心跑马灯的言语却对自己相当严苛。

喜欢夜晚，仿佛在所有喧嚣退场后，躺在心里最深最底层的声音才会像泡泡般轻柔地飘浮上来。我在睡前会看几本喜欢的散文集，这些书的文体松软易读，又有种雨中街景的都市清新感，百读不厌，还能换得一夜好眠，偶尔也会配着爵士乐写写日常随笔，这都是我用来过滤掉一天脑中有意无意撷取过多庞杂思绪的方式。

如果有一阵子工作上会议太多，回家晚了，东摸西摸一看时钟也差不多到了就寝时间，直接跳过睡前沉淀思绪的步骤，脑袋就常一路空转停不下来，折腾了一阵才能调整为睡眠模式。我总是觉得一天下来信息满载的脑容量早已不堪负荷，就算只是随意地浏览社群网站的讯息留言，或是追剧集看老电影，都尽量不在睡前一小时进行，因为这时是我脑袋的净化排毒时间，跟内在的自己说说话会帮助我拥抱崭新的明天。

我从小四的时候就开始有写日记的习惯，一直到念研究生之后才慢慢减少频率改成生活随笔。写日记对我来说最大的好处在于除了情绪上的释放，过程中观察自己内心对话的完整记录也可以使自己适时修正并获得成长。尽管现在不写日记了，仍不时借由阅读与书写持续跟内在的自己对话，重新整理一下自己的状态。

不管是写日记、沉思冥想，还是自言自语，我认为最重要的是它让我们预留跟自己相处的时间，留意自己释出的内心讯息。我们镇日忙着跟外在的纷扰相处，视线总是聚焦在那无限的远处，以至没把自己放在心上，所以当许久不见的朋友告诉我们"你变瘦了/你看起来好累"，才意识到原来最容易忽略照顾的人常常是自己。

面对困境时，对自己心灵喊话，调整心态重新上场

然而不管我们的自言自语有没有说出口，它代表的都是一部分的内心状态，时时花时间检视一下我们最常对自己说的话，就可以知道我们内心里住的到底是一位益友还是损友。正因为语言的力量常超出我们的预期，看似无心的"说说而已"往往变成无法跨越的牢笼，所以即使在现实生活中我们虽懂得要远离这种负面能量，却几乎都有被自己粗暴的语言咆哮的经验。举例来说，当我们的朋友因为明天要赴一个重要的工作面试而感到紧张，我们一定会说些鼓励打气的话，或是提供一些建议来帮助他准备就绪，我们不会说"你

离开职场太久,录用机会应该不高"或是"万一你回答不出来他们的问题,就别想进入第二轮的面试了"等泄气话来打击即将参与面试的朋友。但有些时候,我们面对同样的情境,内心跑马灯的言语却对自己相当严苛。

在中国台湾教书的头几年,每回遇到当天课堂上学生的反应平平,提不太起劲,下课后我会沮丧地走回家,一路狠狠咒骂自己为什么今天课可以上得这么差,接着想到下次上课要面对学生的反应就更烦躁,甚至质疑自己对教育这条路的选择。可怕的是,我发现这种念头非常缠人,一绕上心头就很难将其挥散,放着不管它会像长在心里的毒瘤越来越大,于是我开始留意心里发出的负面声音,留意我对自己说的话。我试图在自省与自勉之间尽量找到平衡,可以检讨缺失,可以面对错误,但没必要一直用负面语言鞭打自己,因为这跟体罚一样,打再多下也没有用,只是负伤更重罢了。一直到我到德国幼儿园任教,这里慢活慢学的生活步调让我有更多机会去做观察与比较,有时候平凡无奇的一件事,在脑袋自问自答后,竟也能有新的体悟,甚至可以转化成鼓励自己的养料。

记得有一回班上到附近的公园玩,几个3岁不到的孩子毫无章法地踢起足球来,于是我也跟着他们玩,结果发现2岁的诺亚每次球一到他那里,他就提起脚想要射门,别说球门的边没碰到,其实连球都没踢中,但他每次一要踢球,就会先喊:"射门得分!(Tor!)"几次下来,我跟站在一旁的德国老师开玩笑地说:"德国小孩在真正学会射进球门前,就已经会大喊球进了!原来世足冠军就是这么诞生的。"

德国老师一边笑,一边打趣地回答我:"这不是理所当然的事吗?"

自言自语,的确有必要。生活中我们不会无时无刻被活力四射的拉拉队簇拥,所以在面对困境时,如何学会对自己心灵喊话,**调整心态重新上场是正向人生中绝对要练成的一招必杀技**。孩子不会因为他现在连球都没能踢中,就开始打击自己永远不会有球进射门的一天,然后泄气地说:"我每次都踢不中!"那句"射门得分!(Tor!)"其实就是2岁孩子满腔热血为自己而喊的一声"加油",心中想说的一句话其实是"我要把球射进门!"

我们在观看很多运动比赛的时候,会注意到有些选手们在比赛进行的中间,不时地低头对自己自言自语,有的还会大声地喊出:"加油!"事实上,**越来越多的研究结果也都发现:正向自我喊话能帮助人保持专注,加强目标达成的决心,甚至能扭转比赛局势!**

自从中学高挂球鞋不练田径之后,我几乎再也没有规律地跑步过,一直到去年爸爸离世,意识到自己整个人的状况太糟糕,有很长一段时间不想说话不想见人,几乎像是得了无语症,每天最专心做的事情就是呆坐在悲恸的情绪里。然后有一天,想出去跑步的念头突然毫无缘由地浮上心头,我也没多想,当天下午穿上买来后从没用来慢跑的慢跑鞋,就到家附近的运动公园去跑。

一开始我跑完五圈就得停下来走一圈,才能再跑上五圈,不过我一点都不在意,我只是想找到方法,让几乎快要窒息的自己,借由专注在呼吸的一吐一吸之间,释放出郁结已久的负面情绪。后来,每个礼拜至少慢跑四天的习惯固定下来后,我便常在跑步时进行内心的自我对话:"人生的变量我无能为力,但至少我可以控制我的步伐要跑多远。"

慢跑跟其他高强度的运动最大的不同点在于,它是很个人且单调的一项运动,所以一旦跑的时间越久,距离越长,跑者就很容易陷入冥想的状态,当跑者想要突破身体平日所习惯的跑量或距离时,懂得正面的自我喊话就会让人很好使力。

以我每次慢跑的距离约五公里为例,之前每次一跑到五公里身体就会开始释出讯息,"今天的跑量已经够了,休息吧!""再跑下去是否太吃力了?"诸如此类自我设限的句子开始在脑袋里冒出来,但此时我会呼叫我心里的那位好朋友:"你每次跑到这里都会喊累,跑过去之后发现其实也还好,现在才刚暖身呢!""今天天气不冷也不热,是破个人纪录的好时机!再跑个两公里吧!"每到脚步越来越沉的时刻,只要坚定"多踏出一步也是进步!"的想法,持续地对自己喊话,就会慢慢感受到那股"要向前或止步皆操之在我"的力量。

练习对自己正念心灵喊话的2个建议

然而,正如伟大的演说家也需要练习一样,正念的心灵喊话同样需要练习,因为一不小心以往的思想惯性就会冒出来把自己困住,打击自己做不到。因此,我们的脑袋必须很快地浮现能够鼓舞士气的金句，一脚踢走那些负面声音，重新拿回意志的主导权！建议你可以这么做：

建议1 创造自己的精神标语

很多品牌都有一句符合其品牌精神的经典标语，我们也可以为自己想出一些激励自我的金言佳句。我们不是专业的广告文案，无需勉强在文字上过度着墨，毕竟只有自己是唯一的讯息接收者，最重要的是能在士气低迷时发挥勉励作用，一语中的！我最常对自己说的话十分简单直白，"所有想逃避的事，唯有正面迎击才能真正解脱。"这句话并非特别有新意，但因为是结合自己人生历程所得出的醒悟，所以心里可以切实地接收到这个讯息。很多大道理我们或许不是第一次听到，却往往在某些时刻才能体会其中的哲理。持续练习跟自己对话，从心出发，也从新出发，生活里永远都可以有新的发现和体会。

建议2 自我喊话结合即刻执行，才能发挥最大力量

精神喊话最好用于具有实时性的现阶段目标，可能是明天参加一场运动赛事，或是即将主持一个重要的报告会议，对自己精神喊话后可以立马上场表现，让语言化为正面的情绪能量，只要能控制思考的方向，就会有助于专注地达成目标。

幼儿园的孩子时常都在自言自语，这是他们帮助自己理解和确认讯息的一个方式，甚至有研究发现：会自言自语的孩子相较于保持安静的孩子有比较好的学习表现，而限制孩子说话则有碍于学习。

就重整思绪、保持专注和提升表现这几点来看，自言自语的确可以被视为一个好习惯来养成，让正面的语言能力开启另一个良性循环。自言自语，比你我想象中更有力量！

第二十三章

在梦想前，正视自己的那道心墙

为什么不先行动后思考呢

回顾我目前人生中几个重点大事记，都不是靠着缜密的计划完成目标。

相反的，每件大事的达成都是因为之前一段看似毫不相干的生命历程，这些决定的瞬间往往是因为我听见心底鼓噪翻腾的声音，顺着这股蓄势待发的能量做了决定。

小孩子是一个很有趣的物种，一切从零开始学习起，他们却常拥有比大人更强大的勇气跟决心，路还走不稳就急着想快跑，身躯虽小却总爱爬高，这一秒的大哭大闹可以神奇地在下一秒破涕为笑，不管是学习力、执行力，还是面对挫折时的复原能力，常常都让我自叹不如。

今年初带了一个新生葆拉，入园时只有11个月大，还不会站却不爱爬，每当她想移动的时候，小小的手会抓着我，要我牵起她的两手带着她走。有时候想让她多爬动，故意站远挥手示意要她到我这里，她就会沿着桌子或墙扶着走过来，直到找不到东西靠时才会勉强地爬个一小段。葆拉还没办法自己站立，就一心只想走路，所以她也摔过很多次，葆拉爸爸一脸没辙苦笑着对她说："宝贝，你还不会走，为什么你就是不爬呢？"一个月后，葆拉正式满1岁，她已经可以自行站立并走个五六步，到1岁3个月时她不只走得好，还常一开心就快步跑起来。

对于葆拉几乎跳过爬直接想学走路的过程，我和葆拉爸妈最先的反应都是忍不住惊呼："跟哥哥艾瑞克那时候简直一模一样！"艾瑞克现在已经是大班的孩子了，他1岁刚进入幼儿园时，也跟现在的葆拉一样，还不会站就想走，常让我们几位老师在一旁揪着心看他到处扶着墙壁或桌子走。所以看到葆拉的情况，我们和爸妈的心脏有了之前的经验也不会太过担忧，如同葆拉爸爸说的："不管怎么守着孩子，会摔的时候就是会摔！孩子坚持要这样学走，我们也没办法硬拉下来叫她用爬的，反正先行动后思考本来就是孩子的天性！"

当下听到时我觉得葆拉爸爸说得真好，这年龄的孩子的确是透过"先行动后思考"的学习方式来让不同的能力大爆发，一边积累经验一边修正，不去计算得失与风险，也不纠结方法是否可行，脑袋里的想法一冒出来，似乎就即刻准备好付诸行动。浑身的好奇心驱使他们不停向前探索各种可能，眼前只有想要克服的目标而已，从不会在事前花太多时间去挣扎是否会面对失败的结果。孩子的想法其实很简单，一次的失败，如果再试一次，那么之前的失败就只是过程，而不是结果，他们会以"尚未成功"而不是"已告失败"来下定论。

PART 4

聆听内心的声音，为心底的梦想赢得一次喝彩

但是大人的世界似乎不是这么一回事。

勇气不会随着年纪增长而成正比，孩提时代可以轻松说了就做的事情，长大后没事先计划周全就不会去执行，凡事打安全牌来降低风险。但这也使得我们在面对未知和转变时的适应能力变得越来越薄弱，划地自限直到无路可退。

我认为或许这跟我们成长过程对于成功的定义过于窄化有关。幼儿园的孩子谈起未来志向从来不会是同一个画面，他们之中会有人想当医生、消防员、厨师或是芭蕾舞者。每一个孩子心中对于前景的想象是那么多元且多彩，好像只要等着长大，梦想就触手可及，但长大之后，心底曾经躁动的声音却慢慢止息，毕竟安全踏实的人生道路比较不用劳烦心神。

几年前，我有次回中国台湾的时候，跟一位超级要好的姐妹淘相约要吃饭，日期却一直敲不拢，那时她刚升上广告公司的高级主管，能力强又贴心的她常常事情一身揽，我也清楚熬夜加班是这行的常态，所以跟她说日期时间我都尽量配合，她看了满档的行事历后跟我约在她公司附近的信义区吃晚餐。到了当晚，我准时赴约，时间到了她却不见人影，电话响起，她满怀抱歉地说："对不起，我困在会议里走不开，你先找个地方等等，我们改约十点好吗？"

跟我熟识的人都知道我非常讨厌别人迟到，如果是普通朋友我

会立马取消聚会,但因为我跟她是超过三十年的老朋友,我太清楚她若不是非不得已不会这样做,于是跟她说我会等她到十点。没想到,我逛了一圈,无聊到鞋子衣服也买了,快十点她打了电话过来说:"对不起!今晚我真的走不开,我们能不能改天再约?"我就这样被放了鸽子。

其实当下我一点生气的感觉也没有,只有无奈与心疼,而这样的感受在见到她之后更加强烈,几乎瘦得不成人形的她对我说:"一整天忙下来,回到家才发现自己什么都没吃。"

那晚我们聊了很久,她突然微微一笑告诉我一个想法,她不愿意接下来的人生就这样度过,虽然她对目前工作的热情未减,但生活里却只剩下了工作。她打算再给自己几个月准备,之后会递辞职书自行创业,出走舒适圈,踏入全新的工作领域。"创业的想法搁在我脑子里很久了,我只是一直没有勇气去冒一次险,但我觉得现在就是我的机会,再不做可能就永远都做不了。"

在我回德国后的几个月,尽管才刚买下新房有贷款压力的她还是说到做到,无视其他人的反对,硬是辞掉高级主管的工作,跟稳定优渥的薪资道别,工作资历也全数归零。工作辞掉后,她远赴海外上课学花艺,凭着与生俱来的艺术天分,很快地就找到诀窍,不仅花坊的业务稳定成长,后来也开班授课花艺创作,现在的她一样充实而忙碌,脸上却多了抹幸福的笑容。

分享我朋友的例子不是想鼓励"人人来创业",而是我认为诚实面对自己内心的声音是一件很重要的事,当身边的人都跟我们内心的真实想法相违背,苦心奉劝我们应该脚踏实地,切忌贸然进退,我们有没有勇气为自己的人生放手一搏,为深藏心底的梦想至少赢得一次的喝彩?这个梦想不见得是争取更响亮的头衔或更大的财富,甚至可能全然颠覆一般人对梦想的看法,单纯只因为我们清楚听见了自己内心的声音。就如同一个不顾一切也执意要背起行囊远行的旅人一般,眼见才能为凭,每一步都是不同的人生风景,何不就让自己的心领航一回?

他人的意见可作参考,但不该成为左右你决定的关键

很残酷的一个现实是,周遭他人的意见有时会让我们受益良多,有时却也会是进步的最大阻力。从小到大我们一直学着听话,但有时他人的意见太多太杂,就像不同思想流派对于同一件事的说法可以大相径庭,所有混乱的意见漩涡在找到自己心中的声音后却终究会安静下来,它不存在灰色地带,也没有模棱两可,那声音会确切且清晰地指引我们下一站的前进方向。

我们必须找到方法听见那个声音。

回顾我目前人生中几个重点大事记,都不是靠着缜密的计划完成目标。相反的,每一件大事的达成都是因为之前一段看似毫不相干的生命历程所带来的效应,不管是出国念书、海外就业、写书出版,这些决定的瞬间往往只是因为我听见自己心底鼓噪翻腾的声音,于是顺着这股蓄势待发的能量做了决定,不管结果如何,对我来说

当下付诸行动就是一件必然发生的事情。

记得有次我受邀去分享在德国求职就业的经验谈，分享的对象是在德国的华人女子，访谈过程中我意外发现，其实她们里面学习经历丰富的人不在少数，却迟迟不敢踏入求职市场试水温，她们最常说的理由是"我觉得现在投简历还太早。""我目前的语言能力还未能符合德国雇主的要求，找工作一定会碰壁。"

而这些话，我还真的都听过，全都来自久居德国热心想提点我的前辈，他们一听到我来德国才半年就想找到正式工作都很不以为然，觉得这种想法太天真，太不切实际。

"你现在投履历只会当炮灰，再上一年的德文课再找也不迟。"
"你先从实习开始做起，转正职比较有希望。"
"他们绝对优先录取德国人。"

但找工作的过程却出乎意外地顺利，甚至有一个雇主在电话里直接决定正式录取我，所有听来的求职黑暗血泪过程，很幸运地都没发生。我并非想质疑那些前辈的所言不实，事实上要找到好的德国雇主本来就得经过一番激战，当时的想法其实很简单，我对自己的学习经历有相当自信，我想只要能争取到面试机会，就有出线录取的可能！而现在的我非常感谢当时的那股冲动，非常庆幸我不只听别人怎么说，也认真倾听自己内心的想法。**他人的意见当然有其参考价值，但不应该成为左右我们决定的关键，因为人生的剧本从来不是拷贝复制。一味地在尝试之前先惦记着会如何失败，其实已**

经失败了一半。

　　长大后为了承担责任，懂得思前想后原本无可厚非，毕竟我们已经不是闯了祸只等大人来善后的小孩，但我们可以提醒自己别让过多无谓的思考变成进步的阻碍，甚至成为逃避现实的借口。努力固然很重要，但光是闷着头努力还不够，我们还得学会为不同的可能性找到切入点，为自己创造机会比被动等待机会造访更实际。

　　梦想的路径，就像拿着一张缺损的地图往前走，我们不能一直等到拿到完整的地图才出发。学会倾听心里的声音，它才是唯一的指引。

结 语

十年前投身教育领域时,对于这工作之后会带给我的体悟坦白说并没有太多想象,而多年后回顾此刻的自己,无形中得到好多珍贵的人生礼物。

从一开始不知所措的菜鸟老师,到备课授课再跑课的工作模式内建完成,能够从容应对课堂内的大小事,再到这一两年,脸上多了几抹皱纹后,有了些更深层的领会。说句真心话献给所有为了教养问题觉得脑筋伤透,却仍不知如何是好的家长和老师们,"踏上教养这条路,唯有打破自己的一道道心墙才能突围,你开始看到自己好的改变,孩子自然会顺应着成长。"

在德国幼儿园工作期间,说是自己再过了一次童年也不为过。每天与沙坑树枝小石砾为伍的生活,有了更多的时间去体验,去观察,去思考所谓"人的养成"。

中国的家长、老师常说的"不要哭!""这有什么好哭的?",我在德国却很少听见。也许,我也曾经这样想过,既然哭不能解决问题,哭得这么用力干什么?

但是我现在认为眼泪如果能洗净些悲伤,在哭完之后也许就能获得重生的力量,一面倾斜地强调正向能量不见得会得到正向的结果,因为情绪只是被藏起来,它不只不会消失,甚至可能会积累更多情绪毒素。**比起漠视孩子哭的需求,我个人会比较认同德国幼儿园里"孩子有哭的权利"的教育理念。**

而德国幼儿园对个人情绪的尊重,对老师们也适用。老师们的专业让我们一察觉某位老师的状态不好,就会主动询问:"要不要出去散步个十分钟再回来,转换一下情绪?"或是客气地问:"你还好吗?需不需要我先代为处理孩子的问题,你去泡杯咖啡冷静一下?"一旦发现有哪位老师的情绪波折异常高涨,必要时请同事离场休息是幼儿园全体教员的共识,以避免老师言行失控的发生。

如何长期在工作时保持正向的情绪,在我看来是身为幼儿教师最困难的部分。幼儿园学龄的孩子对周遭人的情绪特别敏感,如果在岗的老师不投注心力,一切得过且过,爱与关怀的产出停滞,孩子就很可能出状况。因为他跟老师的情绪无法顺利连结,在缺乏信赖与安全感为基底的环境里学习,不只无法收获任何成长果实,两个负面情绪相乘还会引爆更大的问题。

老师们可以互相换棒喘口气,家长的角色负重则难以卸下。然而,在陪伴孩子成长的同时,他们也重新教会了我们以前没学会的事。诚如幼儿园里的一位德国幼儿教师说的:"做这份工作让我学会自律,我必须生活自律,准时上床不熬夜,不然隔天我的情绪会很糟。我也必须学会言语自律,因为我说什么孩子马上就会学着讲。情绪自律就更不用说了,对小孩吼叫只是告诉他你没辙了,如果没练会自律这等功夫，隔天一早就准备等着孩子摧毁我。"语毕，在场的老师都笑了起来。

"是每一位孩子，使我们进化成更好的人。"我心里突然冒出这句话。

教养，是一条艰辛但美丽的漫漫长路，时而泥泞颠簸，狂风挟雨，我们常像站在暴风雨下，不知该前进或后退，遍寻不着一个可供休息的角落。

几次个别家长会谈的时候，在安静隐密的会议室里，德国妈妈对我卸下心防，掉下了无助的眼泪。

"我已经六个礼拜没有好好睡过觉了，六个礼拜！孩子八点睡着，接着半夜两点醒来后就闹到天亮，我们真的累瘫了，凯特你帮帮我！我必须找到方法，我知道自己再下去会失控！"

"原本计划两个礼拜的希腊亲子度假行，简直是恶梦一场！第三个晚上我就决定飞回德国，我不玩了！孩子在外头根本完全不受控制！"

相信我，中国爸妈头疼的教养问题，多数德国爸妈也无法轻松闯关，但稳定的情绪和开放的学习心态会带来最后决定性的逆转。从小的情绪教育让多数的德国爸妈能够意识到自己的情绪警戒线，及时求援，再加上他们非常信任专业，对于幼儿教师们提供的建议，就算不见得会立即接受，不过他们非常愿意花时间，耐心地坐下来听我们解释每个建议背后的缘由，或是一起讨论出其他可行的办法。

不管是老师或家长,都需要持续学习并思考才能让教养之路越走越轻松。教养不是数学题,与其一味地追求育儿的必胜公式,倒不如花时间理解每个孩子的个别性情与需求,准确地与孩子情绪对频,问题的症结才会浮现。

这本书因为取材自在德国幼儿园的教学心得,特别标注"德国"两字虽是自然,但我想"德国不德国"不那么重要,真正重要的是,我们愿不愿意诚实面对自己的不足,面对教养上的问题时,不要立刻拒绝新的可能性,不要在尝试之前就断然以"德国的教法不适合我们"这般的理由说服自己。

我们是德文/英文的双语幼儿园,所以幼儿园里的老师背景相当国际化,除了我来自中国台湾,目前园里有来自美国、巴西、南非、瑞典的幼儿教师,每次的校务会议都会针对不同议题集思广纳多方意见。大家各自提出观点进行讨论时,不管赞不赞成,印象中都不曾听过任何人以"那是在他国,这方法在德国行不通"一句话来终结讨论。

学习既已是无国界,如果有好的理念与方法,以非黑即白的二分法过度简化"德国教养法则"或"中国教养法则"我认为并没有太大意义。

在教养上觉得已无路可退时,请试着保持一颗开放且柔软的心,它会长出翅膀带着我们飞翔,在高空中看清楚自己所在的方位,你会发现,自己与孩子间的距离,没有想象中的遥远。

德国幼儿教育成功的秘密

近距离体验德国学前教育理念与幼儿园日常活动安排

作者：庄琳君
定价：49.80元

台湾著名教育家洪兰推荐并作序

新浪育儿主编黄晓莉郑重推荐

揭秘德国幼儿教育成功第一读本

幼儿园培训教材　新教师上岗必备工具书

日常互动对话与幼儿园现场情景小故事

　　在故事中感受德国幼儿教育理念——要先"探索自我、了解自己，才能相信自己"，学龄前的发展目标是：让孩子尽情地探索自我、认知自我，并磨练好基本身心能力。主张幼儿的学习就是在生活中、大自然中与游戏中学习。强调唯一不能输在起跑点的是：培养孩子的社交能力。

附赠：德国幼儿园一日作息&教育观察表

9节课，教你读懂孩子

妙解亲子教育、青春期教育、隔代教育难题

★ 最美的教育给孩子，最好的方法给家长

★ 领会普通、平实的家庭教育，让教育有序、有趣、有效

定价：39.80元
中国青年出版社出版

亲子教育 从为人父母那一刻起，你就是"孩子的第一任老师"，任何孩子的优秀都不是横空出世的奇迹，它的因，在家庭；它的根，在父母。

青春期教育 读懂孩子，避免亲子教育不当为青春期埋下隐患，提前为青春期的备课：预案—倾听—包容—帮扶—与孩子共同成长，有备才能无患。

隔代教育 不是一无是处，儿女读懂父母的恩，父母读懂儿女的难，在"代沟"中求和谐，化解"微妙亲情"产生的"心理暗伤"。

智能课堂设计清单
帮助教师建立一套规范程序和做事方法

作者：[美] 史蒂夫·斯普林格
　　　布兰迪·亚历山大
　　　金伯莉·伯斯安尼

定价：49.90元

出版社：中国青年出版社

ISBN：978-7-5153-5298-5

获美国《学习》杂志"教师必选奖"

获《中国教育报》"教师喜爱的100本书"奖

加州大学洛杉矶分校（UCLA）等名校追捧的课堂管理模式

美国教育界"金苹果"奖、麦格劳-希尔奖明星教师经典之作

　　这是一个真实的课堂，有趣极具吸引力的智能课堂；一套系统、严谨的规范程序，一条清晰的成长路径；100多种清单、图表、范例、步骤和方法，简单、具体、高效，可直接复制，让课堂教学秩序井然；用设计"清单"，持续、正确、高效地把工作做好，确保学生获得更为有效的学习体验。

◎ 智能教室布置设计　　　　　◎ 行为管理方法

◎ 课堂管理工具箱　　　　　　◎ 教室外活动清单

◎ 课堂教学技巧　　　　　　　◎ 课程标准和要求

◎ 考试和评估清单　　　　　　◎ ……